新时代背景下重庆新型城镇化实现路径研究

李 坤 殷朝华◎著

广东旅游出版社
GUANGDONG TRAVEL & TOURISM PRESS
悦读书·悦旅行·悦享人生

中国·广州

图书在版编目（CIP）数据

新时代背景下重庆新型城镇化实现路径研究 / 李坤，殷朝华著. — 广州：广东旅游出版社，2020.12
ISBN 978-7-5570-2324-9

Ⅰ.①新… Ⅱ.①李… ②殷… Ⅲ.①城市化－研究－重庆 Ⅳ.① F299.277.19

中国版本图书馆 CIP 数据核字 (2020) 第 177976 号

新时代背景下重庆新型城镇化实现路径研究
Xinshidai Beijingxia Chongqing Xinxing Chengzhenhua Shixian Lujing Yanjiu

广东旅游出版社出版发行
（广州市环市东路 338 号银政大厦西楼 12 楼　邮编：510180）
印刷　河北文盛印刷有限公司
（地址　河北省保定市涿州市东仙坡镇下胡良北口）
广东旅游出版社图书网
www.tourpress.cn
邮购地址：广州市环市东路 338 号银政大厦西楼 12 楼
联系电话：020-87347732　邮编：510180
710 毫米 ×1000 毫米　16 开　11.5 印张　213 千字
2021 年 3 月第 1 版第 1 次印刷
定价：58.00 元

［版权所有，侵权必究］

本书如有错页倒装等质量问题，请直接与印刷厂联系换书。

前 言

21世纪是城镇的世纪，更是中国城镇的世纪。作为中西部地区唯一的直辖市和国家五大中心城市之一的特大城市，重庆选择走新型城镇化路径不仅是统筹城乡改革和发展、逐步消除城乡二元结构、实现国家战略使命的根本要求，而且也是中国深化改革开放与提高综合竞争力，形成经济增长与社会发展新格局的需要。

近些年，全面贯彻新发展理念，统筹推进"五位一体"总体布局，协调推进"四个全面"战略布局，以供给侧结构性改革为主线，扎实做好稳增长、促改革、调结构、惠民生、防风险各项工作，各项事业迈出了坚实步伐。坚持需求导向，三链协同。围绕产业链部署创新链，依托"6+1"支柱产业、"2+10"战略性新兴产业和现代服务业、现代农业布局创新项目；围绕创新链完善资金链，创新政府资金投入方式和财税激励机制，强化金融对创新驱动的支撑作用。坚持人才为先，企业为主。企业成为创新的主体力量，支持大型企业发挥创新骨干作用，支持中小微企业开展科技创新，积极鼓励和支持大众创业创新。遵循规律，全面创新。加强知识产权保护，统筹推进科研院所、高校、企业、政府、社会服务全面创新，统筹推进军民融合创新，实现科技创新、制度创新、开放创新的有机统一和协同发展。

新型城镇化是我国现代化建设进程中的重要战略和历史性任务，是扩大内需的长期动力和推动我国经济持续健康发展的"领头羊"，是我国全面建成小康社会和从经济大国向经济强国迈进的"强力"引擎。努力推进具有中国特色的新型城镇化道路，将为我国赢得发挥后发优势的巨大空间。一座城市的城市（镇）化水平直接反映这个城市乃至整个国家的经济实力与生产力发展水平的高低；城市（镇）化的优质发展更是一个城市实现现代民主和文明的有效载体。

城镇化是一个不可忽视的话题，对当前重庆新型城镇化发展状况和社会问题的梳理与研究有着重大的现实意义。2014年，重庆审议通过《关于贯彻落实国家新型城镇化规划的实施意见》，该文件坚定了一个信念：坚持全市一盘棋，确保路子正、步子稳，科学有序、积极稳妥扎实地推进新型城镇化。

在新型城镇化推进过程中，重庆市要以突出区域特色、形成城市集群发展态势为目标，以求得城乡区域发展的差距减缩。通过以功能日趋完善、公共交通日渐便捷的集约型城市发展模式为主导，升级城市内部空间布局，使外部各城市组团间分工更加合理，联系更加便捷，经济发展更趋平衡。

此外，重庆市通过不断完善城市基础设施和不断推动公共服务均等化进程，将为城镇管理注入更多人性化、智能化的管理元素。当地独特的自然风貌和历史人文资源将得到有效保护和合理利用，统筹兼顾人与自然、传统与现代、经济与社会，实现全面协调可持续的基本要求。

总之，在城镇化建设的道路中无论理论构建还是在实践上的研究和探索，仍存在很多的不足，还需更多的学者对其作出有益的研究和探索。但是，笔者相信未来的探索之路，道路虽曲折，前途仍光明。

目 录

第一章 重庆城镇化路径的总体设计与目标战略 …… 1

第一节 统筹城乡综合配套改革试验区引致的战略机遇 …… 1
第二节 重庆城镇化路径的总体设计 …… 5
第三节 重庆城镇化路径的目标定位 …… 10
第四节 重庆城镇化路径的战略框架 …… 13

第二章 新时代背景下重庆市产业集群与城镇化互动发展模式研究 …… 20

第一节 重庆市产业集群与城镇化互动发展的逻辑 …… 20
第二节 重庆市产业集群与城镇化互动发展模式 …… 24
第三节 促进重庆市产业集群与城镇化互动发展的政策建议 …… 38

第三章 新时代背景下重庆市城镇化与房地产业协调发展研究 …… 44

第一节 城镇化对房地产业的推动作用分析 …… 44
第二节 房地产业对城镇化的拉动作用分析 …… 50

第四章 新时代背景下重庆市城镇化与生态环境协调发展路径研究 …… 60

第一节 重庆市城镇化与生态环境发展现状及协调发展评价 …… 60
第二节 重庆市城镇化与生态环境协调发展的路径研究 …… 64

第五章 新时代背景下重庆市新农村建设与城镇化发展的协调性研究 …… 76

第一节 新农村建设和城镇化协调发展的动力机制 …… 76

第二节　重庆市新农村建设与城镇化互动发展模式的选择 ……… 81

第六章　新时代背景下重庆市新型城镇化与农业现代化协调发展研究 …… 86

　　第一节　重庆市新型城镇化与农业现代化发展现状分析 ……… 86
　　第二节　重庆市新型城镇化与农业现代化的综合评价 ………… 89
　　第三节　重庆市新型城镇化与农业现代化协调发展对策建议 … 94

第七章　低碳经济下的重庆城镇化实现路径研究 ……………… 98

　　第一节　重庆建设低碳城市的历程与趋势 ……………………… 98
　　第二节　重庆建设低碳城市的问题分析 ………………………… 107
　　第三节　重庆建设低碳城市的思路与对策 ……………………… 112

第八章　新时代背景下基于高效的重庆城镇化的路径研究 …… 119

　　第一节　高效路径的基本规定 …………………………………… 119
　　第二节　经济效益高 ……………………………………………… 122
　　第三节　社会效益好 ……………………………………………… 127
　　第四节　生态效益佳 ……………………………………………… 132

第九章　新时代背景下基于多样化的重庆城镇化的路径研究 … 139

　　第一节　多样化路径的基本规定 ………………………………… 139
　　第二节　城镇规模结构多样 ……………………………………… 141
　　第三节　城镇化推进方式多样 …………………………………… 148
　　第四节　人口转移方式多样 ……………………………………… 152

第十章　新时代背景下基于制度创新的重庆城镇化路径研究 …… 157

　　第一节　重庆城镇化路径的制度供给不足及原因 ……………… 157
　　第二节　重庆城镇化路径的制度创新总体架构 ………………… 164
　　第三节　重庆城镇化路径的具体制度安排 ……………………… 167

参考文献 ……………………………………………………………… 177

第一章 重庆城镇化路径的总体设计与目标战略

新型城镇化是在反思与规避传统城镇化路径弊端的基础上，借鉴国内外城镇化路径选择的成功经验而做出的战略转型与创新。本章通过对统筹城乡综合配套改革试验区为重庆引致的战略机遇进行分析，从总体上构思了重庆新型城镇化路径，确立了重庆新型城镇化路径的目标定位，并以此为基础构建重庆新型城镇化路径的战略框架，旨在为重庆新型城镇化路径的现实选择提供科学的发展方向。

第一节 统筹城乡综合配套改革试验区引致的战略机遇

重庆是全国统筹城乡综合配套改革试验区、全国五大中心城市、国家级开发区，2011年5月《成渝经济区区域规划》获准实施，这些重大举措均意味着西部大开发大开放战略和区域协调发展战略正在深入实施，重庆改革和发展的大趋势已经形成。作为重庆统筹城乡改革和发展的主要实现载体，新型城镇化必然依托于统筹城乡综合配套试验区、国家中心城市、国家级开发区等战略平台，实现统筹城乡经济社会发展的阶段目标。因此，在研究统筹城乡综合配套改革试验区设立的目标任务、基本特征和历史使命等战略背景的基础上，系统分析统筹城乡综合配套改革试验区形成的战略机遇，是构思科学的重庆新型城镇化路径及其目标定位与战略框架的前提和基础。

一、统筹城乡综合配套改革试验区的战略背景

国家综合配套改革试验区是顺应经济全球化与区域经济一体化趋势和完善社会主义市场经济体系的内在要求，在科学发展观指导下，由国家建立的以制度创新为主要动力，以全方位改革试点为主要特征，对全国社会经济发展带来深远影响的实验区。作为国家综合配套改革试验区的一种形式，统筹

城乡综合配套改革试验区在反映综合配套改革试验区的一般特征与普遍规律的同时，承载着自身的目标任务、基本特征与历史使命。

（一）统筹城乡综合配套改革试验区的目标任务

主要目标是在一定时间范围内，最大限度地缩小本区域内的城乡差距，尤其是城乡居民在收入、教育、卫生医疗、社会保障、文化娱乐、生活方式和质量等方面的差距，实现城乡劳动力比较充分的就业，即城市和农村要在基本面上同时实现全面建设小康社会。其中，第一要务是发展，核心是不断提高城乡居民的收入水平和享受社会公共服务的水平，基本要求是在提高城乡居民收入和享受社会公共服务水平的基础上逐步缩小以至消灭城乡差别。基于城乡二元结构的根深蒂固和全国范围情况的无比复杂性，国家设立统筹城乡综合配套改革试验区的用意在于：通过一个或若干个区的改革试验，找出彻底解决城乡矛盾的改革思路和方法，以结合地区实际为前提，在全国范围内推广，以期消除城乡矛盾，缩小城乡差别，实现城乡一体化，最终实现全面建设小康社会和社会主义现代化的目标。在这个基础上，统筹城乡综合配套改革试验区的基本任务是消除阻碍城乡协调发展的体制机制因素，统筹城乡制度安排、资源配置，建立城乡协调发展的体制机制，实现城乡资源和要素的高效配置，找出城乡统筹、区域协调发展的新路子。

（二）统筹城乡综合配套改革试验区的基本特征

与经济特区相比，统筹城乡综合配套改革试验区在体制背景、时代任务和试验内容方向呈现出新的特征：一是经济特区产生于传统的计划经济体制，以探索社会主义市场经济新体制为目的；而新试验区长于社会主义市场经济体制趋于完善的背景，以探索发展新路径为目的。二是经济特区致力于建立具有新运行机制的现代产业园区，基本不涉及城乡关系；而新试验区主要针对国内长期存在的城乡二元结构，力求解决科学发展、和谐发展的历史任务。三是经济特区借助优惠政策来吸引国内外投资；而新试验区主要通过制度创新和体制创新，创造城乡协调发展的环境，保证城乡居民享有同等的机会、权利和社会福利。总体上，传统的经济特区以 GDP 增长为"改革共识"，而新试验区以更加注重以社会公平和共同富裕为"新型改革共识"。社会改革取代经济改革、经济目标主导向社会目标主导回归成为"新型改革共识"的主旋律。

（三）统筹城乡综合配套改革试验区的历史使命

重庆统筹城乡综合配套改革试验区的设立，关系到建设社会主义新农村、全面建设小康社会、实现科学发展与和谐发展的大局。重庆大城市、大农村、大山区、大库区和民族地区并存，城乡二元结构严重，是全国农村和山区现象的叠加，具有典型的代表性；作为中西部地区唯一的直辖市，重庆具有统筹城乡综合配套改革的行政体制优势和经济基础，以及在三峡工程建设中积累的移民安置和农村剩余劳动力转移的相关城乡统筹改革经验。在经济社会发展进入新阶段的时期，试验区是率先实践城乡统筹发展战略的重要平台，综合配套改革是解决城乡统筹这一世界级难题的突破口。因此，坚持建设城乡统筹发展直辖市的主线，改革开放、开拓创新，缩小城乡差距，逐步消除城乡二元结构，既是重庆打造"重要增长极"和"经济中心"的内在要求，也是实现"加快"和"率先"的必由之路，更是在西部地区率先实现全面建设小康社会目标的关键。

二、重庆试验区的战略契机

全国统筹城乡综合配套改革试验区在重庆的设立，是重庆继20世纪80年代计划单列、90年代直辖、三峡移民开发和西部大开发之后的又一个重大的历史性机遇。重庆开始行政管理体制改革，将中央、市、地、县四级的行政管理转变为中央、市、县三级的行政管理，三峡工程建设过程中，重庆市安置的百万移民中，50%是农村人，为改革和发展提供了积极探索、大胆尝试、努力创新的机会与空间，为重庆新型城镇化路径的选择增添了动力和可能。

（一）试验区地位升级，拔高重庆新型城镇化路径的战略平台

中央历来重视重庆的改革发展，在不同时期对重庆有着不同的战略部署。加快建成西部地区的重要增长极、长江上游地区的经济中心、城乡统筹发展的直辖市，在西部地区率先实现全面建设小康社会的目标，这是党中央和国务院在西部大开发战略、东西部均衡发展战略的指导下，从西部发展的带动力和辐射力、国家沿江开发所应有的作用、直辖市发展的新使命、西部地区建设社会主义小康社会的示范性等方面对重庆市提出的新要求，由此，重庆的战略地位更加突出。自从被批准为全国统筹城乡综合配套改革试验区后，重庆的战略地位进一步强化。科技部、信息产业部、农业部、教育部、卫生部等国家部委将重庆列为各自的改革试验区，国家发展和改革委员会在功能区规划和城市群规划中，特别突出了成渝城市带作为国家未来重要增长极其重要地位。2009年1月26日《国务院关于推进重庆统筹城乡改革和发展的若干意见》（简称《意见》）出台，标志着重庆改革和发展正式上升为国家战略。2010年初，重庆跻身全国五大中心城市，其在国家战略中的地位更加凸显、

蓝图更加清晰；同年 5 月和 6 月，重庆两江新区被批复和设立，成为与上海浦东新区和天津滨海新区并列的国家级开发区。2011 年 5 月，国务院正式批复《成渝经济区区域规划》。新型城镇化是统筹城乡发展的主要实现载体，统筹城乡是新型城镇化发展的阶段目标。在当前国内外背景以及未来发展趋势的展望中，重庆新型城镇化路径必然要依托于国家统筹城乡综合配套试验区、国家中心城市及国家级开发区等发展平台。

（二）"政策洼地"效应凸显，改善重庆新型城镇化路径的政策环境

随着统筹城乡综合配套改革试验区的正式成立，重庆相继成为全国唯一的城乡商贸统筹综合试点区、全国首个统筹城乡环境保护工作试点、部市共建内陆开放型经济"试验田"、统筹城乡信息化试验区、全国银行间市场产品创新试验区、金融综合经营改革试点区等。各中央部委、大型企业与重庆通过签订战略合作协议，在产业布局上优先考虑，在资金安排上给予倾斜。作为一个完善的政策系统和丰裕的政策金矿，《意见》从国家发展大局出发，与"314"总体部署紧密衔接，具有宏观战略性；着眼于重庆发展的精准战略布局与深度战术谋划，兼具微观指导性与科学操作性，明确了诸多任务及思路、方向、目标、着力点和措施，如交通基础设施、资源节约和环境保护、生态文明等内容。此后，"国家中心城市"花落重庆、"国家级开发区"落户重庆两江新区、《成渝经济区区域规划》正式被批复等，这一系列含金量极高的优惠政策，促使重庆的政策洼地效应日益凸显，有效地改善了重庆新型城镇化路径的政策环境。

（三）"先行先试权"在手，激发重庆新型城镇化路径的创新动力

作为全国特别是中西部地区统筹城乡发展的重要标杆，重庆试验区承载着探索经验的责任，其对"先行先试权"的全面运用和正确把握，关系着深入推进西部大开发大开放、促进区域协调发展战略，关系着促进城乡统筹、工农协调，关系着全面深化市场经济体制改革、探索科学发展新路子。重庆统筹城乡综合配套改革，必然要涉及现有政策制度的"破"与"立"。因此，"先行先试权"的核心是"试错权"，本质是中央向地方放开部分改革的权力，基本要求是大胆地试、大胆地闯，不怕误解、不惧反对，宽容错误、容忍失败。"先行先试权"实为改革试验的思想大前提，没有突破的胆魄，就没有创新的智慧；而一个没有创新的试验区，就没有资格为全国统筹城乡综合配套改革提供示范，制度机制的突破与创新是以重庆试验区为平台的新型城镇化发展的深层次要求，而"试错权""先行先试权"的拥有是其根本动力来源。

第二节 重庆城镇化路径的总体设计

根据前文的相关理论研究，新型城镇化路径通向新型城镇化发展目标，既是人类社会、市场经济和城镇化发展的规律性结果，又是人们通过发挥主观能动性而设计和构建的结果。下面以理论研究、经验模式与现实基础为基本依据，充分利用和规避重庆新型城镇化发展的支持与约束条件，构思与设计重庆新型城镇化发展的总体路径与具体步骤。

一、重庆新型城镇化路径设计的依据与条件

新型城镇化是一个系统工程，其路径的选择必然受到国际背景、国家战略、体制机制、经济发展、社会进步、人口增长、资源环境等诸多因素的影响。在新形势下，深刻分析新型城镇化的内在要求、国内外城镇化路径的启示、重庆发展的现实基础与演变态势，厘清重庆新型城镇化路径选择的支持条件与制约因素，是科学设计重庆新型城镇化路径的前提。

（一）重庆新型城镇化路径选择的依据

主要从理论依据、经验借鉴与现实依据三个方面出发，探寻设计重庆新型城镇化路径的基本依据。

理论依据：新型城镇化的内在要求。新型城镇化是在总结多年来我国城镇化进程的经验教训的基础上，针对新世纪我国经济发展面临的主要矛盾提出来的。新型城镇化是以实现城乡一体化为目标，以促进人的全面发展为根本，以新型产业和信息化为推动力，追求人口、经济、社会、资源、环境协调发展和高效发展的多元演变过程。新型城镇化是传统城镇化发展到一定阶段的必然产物，是对传统城镇化的扬弃，与传统城镇化的时代背景、侧重点、主体、模式及动力机制都有着显著的区别。在新的时代背景和体制环境约束下，新型城镇化在遵循城镇化一般规律的基础上，具有以人为本、市场主导、城乡统筹、多元协调发展等新特点。

根据新型城镇化的内涵规定，新型城镇化路径是指通向城乡一体化目标的政府引导或市场主导的协调、高效、多元道路。新型城镇化路径选择是在遵循人类社会发展规律、市场经济发展规律和城镇化发展规律及趋势的前提下，综合考虑传统城镇化路径选择行为的依赖特性，新型城镇化发展的主体

对新型城镇化路径、模式进行选择的过程。新型城镇化路径选择必然以特定的理论、经验与现实为依据，遵循公平与效率兼顾的总原则以及经济发展的逻辑和秩序、以人为本、整体协同、突出特色等具体原则。新型城镇化路径选择是一个复杂的多维过程，是多种因素相互作用与耦合的过程。

因此，作为一个动态演变过程，新型城镇化脱胎于传统城镇化，互补于新型工业化，融合于特色城镇化，指向于城乡一体化，期间伴随人口、产业、资源的重新配置、制度体制的博弈变迁以及社会生产、生活方式的根本性转变。在特定时空中，新型城镇化发展绩效得到部分释放或全面优化，并呈现出全新的生命力。新型城镇化本质上是一场以人为中心的，涉及经济、社会等诸多领域的全面转型和深刻革命，蕴含着发展理念的根本转变、彼此关系的和谐融洽以及整体效益的整合提升等。

经验借鉴：国内外城镇化路径的启示。城镇化是经济社会发展客观形态的综合体现，城镇化路径是一个国家或地区由农业化、工业化向知识化迈进的必由之路。20世纪50年代以来，随着发达国家相继步入后工业化时代和发展中国家迅速推动城镇化，世界城镇化路径选择开始进入新阶段，即进入发展中国家逐渐作为全球城镇化舞台"主演"的城镇化的第二次浪潮。在城镇化已经成为世界潮流的21世纪，如何科学有效地选择城镇化路径，既是一个亟待深入研究和探讨的理论问题，也是一个实践问题。

由于自然禀赋、经济条件、文化背景等因素的制约，城镇化路径并没有一成不变的固定模式，发达国家、发展中国家及国内城市选择了截然不同的城镇化路径，呈现出不同的短期效应和长期效应。通过对以欧美、拉美、长三角以及成都为典型代表的城镇化路径实践的经验与启示的探究，不难发现城镇化路径选择均要以"和而不同"为基本取向，以生产力发展为根本动力，以城、镇分工合作为实现机制，以集约持续为内在要求，最终回归到城乡关系如何协调和融洽的层面上来。作为全国统筹城乡综合配套改革试验区，重庆担负着改革和发展的示范使命。因此，重庆应充分借鉴和吸收国内外城镇化路径选择的成功经验，根据自身的发展水平及条件，有规划有步骤地推动城镇化进程，坚持走有重庆特色的新型城镇化路径。

现实依据：重庆改革和发展的需要。进入21世纪，经济全球化和信息化呈加速交互发展趋势，国家与地区之间的距离进一步缩短，冲击着每一个国家和地区的经济发展与城镇化格局。就重庆而言，由于地处内陆地区，市场经济水平和开放程度落后于沿海地区，其对外开放战略的扩大、内陆开放高地的建设，促使重庆由相对封闭走向相对开放，不断融入世界经济体系。经济全球化是一把"双刃剑"，在促进重庆经济社会发展的同时，也使重庆统筹城乡改革和发展的任务更加复杂和艰巨，这就要求重庆新型城镇化路径必须对经济全球化和信息化加以正确认识和科学运用。

21世纪头20年是中国必须紧紧抓住并且可以大有作为的重要战略机遇期。由于当前的中国工业化和城镇化发展处于关键时期，经济发展的转型与升级、区域经济一体化、新产业的培育与扶持、社会整体的转型与发展、科技文化的进步与提升、改革开放的扩大以及创新型国家的建设是未来一段时期中国经济社会发展的必然趋势和要求，为重庆新型城镇化路径选择提供了历史机遇以及战略、政策平台。

多年以来，重庆市的战略定位与布局在不断发生改变，但是加快发展和结构调整始终是主题和主线，为重庆新型城镇化路径选择提供了前所未有的机遇和平台。中央对重庆的新定位以及重庆战略地位的升级，为新型城镇化路径选择提供了历史性机遇；经济平稳较快发展，为重庆新型城镇化路径选择奠定了经济基础和战略机遇；体制改革继续深入，为重庆新型城镇化路径选择创造了一个日益合理的体制机制环境。

（二）重庆新型城镇化路径选择的条件

主要从有利条件和制约因素两个方面出发，以期充分利用和规避重庆新型城镇化路径的有利条件与制约因素。

有利条件。外部环境的变迁与自身发展为重庆新型城镇化路径的现实选择提供有利条件。未来10年是重庆新型城镇化加速发展的黄金时期。重庆新型城镇化路径选择面临着前所未有的现实战略机遇，这主要反映在：

一是"后危机时代"为重庆新型城镇化路径选择带来新机遇。承接资金密集型与技术密集型的产业整体性转移，广泛有效地参与国际分工与合作，是重庆加快建设经济发展的重要增长极、国家重要的现代制造业基地和长江上游地区的经济中心的大好时机，是重庆实现作为国家中心城市的"对外开放的城市"和"国际门户性枢纽"战略使命的机遇，为重庆新型城镇化路径选择奠定了良好的发展基础；二是国家战略地位为重庆新型城镇化路径选择奠定高平台。依托统筹城乡改革和发展的国家战略平台政策洼地效应凸显，改善了重庆新型城镇化路径选择的政策环境，先行先试权在手，激发了重庆新型城镇化路径选择的创新动力；是新一轮的成长周期为重庆新型城镇化路径选择带来好时机。现阶段，重庆发展处于一个重要的"战略机遇期"：固定资产的大规模更新，必将带动经济的继续增长；重型机器制造业正在逐步建立和形成；自主创新的开展必然带来机器设备的更新。站在新的历史起点，重庆要在坚持保增长、扩内需、调结构的同时，把握城市全面转型的机遇，注重能力建设和品质提升，促使重庆新型城镇化向着内涵式的方向发展。

作为中西部地区唯一的直辖市，重庆市在中国特色城镇化宏观思路的指引下，在准确把握国内外经济形势和城镇化发展趋势、客观评价发展现实和未来潜力的基础上，以2009年为起点，正式启动了具有重庆特色的新型城镇化路径的探索与尝试。2009年以来，重庆新型城镇化在总体上取得了较大的成就：2009~2017年城镇人口规模由1174.55万增加到1605.96万，城镇化率平均每年增长1.64%，明显快于同期世界以及中国0.40%和0.91%的增长速度；2009~2017年GDP由2555.72亿元增加到10011.37亿元，提高了2.92倍；非农产业在GDP中的比重始终保持在84%以上，城镇经济居于经济增长的绝对主体地位；城乡居民家庭人均收入绝对值不断增长，分别增长了1.71倍和1.93倍；科教文卫、邮电通信、城镇基础设施、交通设施、生态环境等社会事业也均取得了长足的发展。

制约因素。传统路径的依赖与自身发展的困境在很大程度上限制了重庆新型城镇化路径的正确选择。城镇化的发展离不开既有的区域背景以及客观存在的多种因素的影响，也离不开"路径依赖"的惯性和冲力的作用，准确地讲是上述诸多因素综合作用的结果。重庆传统城镇化路径依赖的惯性和冲力形成的"飞轮效应"，已对重庆新型城镇化路径起到负反馈的作用，导致重庆新型城镇化路径的发展效应没有得到正常释放，在一定程度上被锁定和处于屏蔽状态。作为传统城镇化路径的转型，计划经济管理模式下的思维定式仍在重庆新型城镇化路径推进中产生影响，主要表现在：公平与效率关系的失调、政府与市场关系的错位、城市与农村发展的失衡。尤其是市场与政府的关系尚未理顺，政府在经济领域的"越位"和在公共领域、市场失灵领域的"缺位"现象共存，由此导致城乡差距进一步扩大，城乡二元结构不断强化，传统城镇化路径弊端依然存在，而新型城镇化路径效应难以释放。传统路径依赖效应的消除是一个渐进的过程，在短期内将继续阻滞重庆新型城镇化路径的绩效。

根据经济发展规律，人均GDP介于1000~3000美元的过渡期是"战略机遇期"与"矛盾凸显期"的叠合，以结构失衡、矛盾突出为主要特征。在工业化和城镇化发展的关键时期，重庆新型城镇化路径的发展效应正处于一定程度的被锁定和屏蔽状态。在新形势下，重庆新型城镇化路径的健康有序发展面临着严峻的挑战和困难偏常态不对称发展或者结构矛盾，主要体现在：城乡差距持续扩大、区域发展极其失衡、城镇化滞后于经济发展水平、产业结构与就业结构不相协调、规模结构不尽合理、城镇辐射和带动作用不强等。在众多的挑战、困难与矛盾中，公平与效率关系的失调、政府与市场关系的错位、城市与农村发展的失衡是制约重庆新型城镇化路径推进的根本原因。

总之，重庆是中国发展战略转型的主战场和试验台，在这里演绎的新型城镇化路径将对中国城镇化发展产生长远的影响。因此，认真研究和科学选择新型城镇化路径是重庆把握新机遇、实现新定位和完成新使命的落脚点，是重庆推进中国新型城镇化路径的动力点，是重庆积极顺应世界第二次城镇化浪潮的时代要求。

二、重庆新型城镇化路径的总体构思

新型城镇化路径既不是一个纯粹的为目标所驱动的自然选择，也不是单纯的基于工具革新的理性选择，而是在特定历史背景下目标选择与工具选择、自然选择与理性选择的结合体。根据既有的理论研究、经验模式与现实基础，深刻地把握国家统筹城乡综合配套改革试验区引致的战略机遇，紧密结合重庆新型城镇化路径选择的有利条件与制约因素，同时遵循公平与效率兼顾、以人为本、整体协同、突出特色等原则，重庆新型城镇化应选择"协调、高效、多样化"路径。其中，"协调"是核心理念，"高效"是深层意蕴多样化是具体推进方式；而"市场导向与政府推动"（图1-1）则是联系诸路径的实现机制。

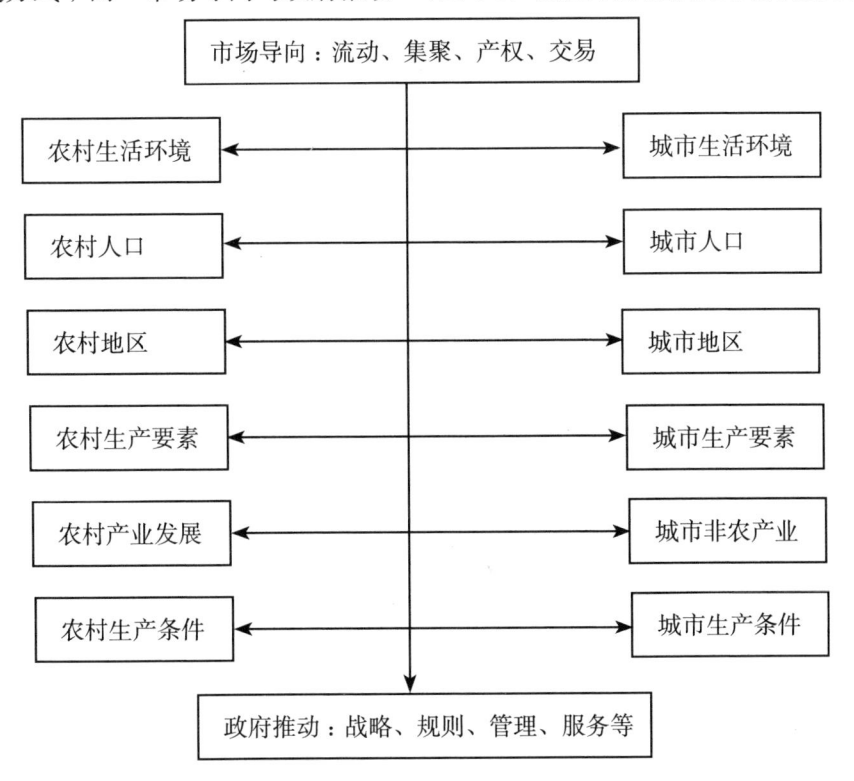

图1-1 重庆新型城镇化发展的总体路径设计

在"协调、高效、多样化"路径中，必须把握几个基本规定："协调""高效""多样化"。"协调"是基于统筹城乡改革和发展视角而确定的，是重庆新型城镇化路径的核心理念，不仅是对公平与效率兼顾总原则的反映，还是新型城镇化路径战略的目标、主线等的综合体现；"高效"是基于新型城镇化路径的价值取向视角而确定的，是重庆新型城镇化路径的深层意蕴，贯穿在重庆新型城镇化路径设计的每一个环节、每一个步骤当中；"多样化"是基于重庆经济空间与地理空间实际的视角而确定的，是重庆新型城镇化路径的具体推进方式，是为了实现重庆"大城市、大农村、大库区、大山区、民族地区"各自找准适宜路径而做出的现实选择。除了这三个基本规定之外，"市场导向与政府推动"作为重庆新型城镇化路径的实现机制，市场从生产要素流动、资源配置等微观领域，调整和优化经济运行结构，促使经济效益的提升；政府通过战略规划、政策制定、公共服务、社会管理等方式，维持与整合社会系统的秩序、功能，开展文化、教育、卫生、社会保障、环境保护、污染防治等公共事业，不仅有助于提高社会效益和生态效益，还可间接地推动经济向着集约化方向发展。

第三节 重庆城镇化路径的目标定位

一般而言，"目标"是指个人或组织所期望的境界或成果，其含义有广义和狭义之分。从广义上看"目标"是一种全面勾勒的境界或一幅展望未来的蓝图，涵盖了统领、内容、任务等方面；从狭义上讲，"目标"仅是一种具体的可量化成果。本文采纳的是广义的"目标"含义，因此，下面分别从统领、内容、任务三方面，以尽可能全面、系统地对重庆新型城镇化路径的目标进行定位。

一、重庆新型城镇化路径的统领目标定位

科学发展观是重庆新型城镇化路径的统领目标，更是重庆经济社会发展的统领。作为重庆贯彻落实科学发展观的实践平台，加快推进新型城镇化路径是具有重庆特色的战略目标和决策行动，充分体现了科学发展观的基本原理与内在规律。重庆新型城镇化路径着力于突破重庆发展瓶颈，提高重庆发展品质和综合竞争力，是经济工程和民生工程的统一，更是尊重自然与遵循规律的产物。不仅贯彻了"全面协调可持续"的基本要求，凸显了"以人为本"的核心理念，而且充分运用了"统筹兼顾"的根本方法，以更好地平衡"发展"和"民生"的矛盾。

就科学发展观在重庆新型城镇化路径中的具体要求而言，主要体现为如下四个方面：一是坚持以新产业立市，提高产业竞争力，增强城市综合承载力，完善城市功能，培育发展活力；二是坚持实现好、维护好、发展好人民群众的根本利益，构建宜业、宜学、宜游的城市环境；三是坚持人口、资源、环境、发展四位一体的统筹兼顾，城乡与区域协同共生；四是坚持以有利于绿色生产力的发展，有利于居民生活水平与质量的改善，有利于城市竞争能力的提高为依据，综合检验、考核政府的政绩。因此，在科学发展观的统领下，重庆新型城镇化路径的目标应着力于统筹城乡综合改革，完善新型城镇化路径健康、有序推进的体制机制，促进城乡经济社会一体化发展。

二、重庆新型城镇化路径的内容目标定位

广义的"目标"不仅指代总体的前景概览，还涉及具体的阶段定量成果。本节在科学发展观的统领下，结合《意见》《重庆市统筹城乡综合配套改革试验总体方案》（以下简称《方案》）以及《重庆市城乡总体规划（2017～2030年）》（以下简称《规划》）等文件精神，对重庆新型城镇化路径的总体目标和阶段目标予以确立。

从新型城镇化的理论内涵来看，作为一个动态的演化过程，新型城镇化是以实现城乡一体化为目标，以促进人的全面发展为根本，以新型产业和信息化为推动力，追求人文、社会、经济、资源、环境的协调发展与高效发展的多元演变过程。从重庆城镇化路径演进历程与发展现状来看，以公平与效率的矛盾为基点，政府与市场、城市与农村、区域与区域、经济与社会、人类与自然等矛盾向周围扩散，是重庆新型城镇化路径健康、有序推进的影响因素。从国内外城镇化路径的经验与城镇化未来趋势看，政府和市场的有机结合是保障，经济发展和工业化是动力，深化制度创新和体制改革是要求，城镇化路径最终都回归到城乡关系如何融洽的层面上来。从三个文件精神来看，《意见》《方案》以及《规划》具有共同特征，即都是对"314"总体部署的贯彻实施，都要求重庆依托国家统筹城乡综合配套改革试验区的战略平台，改革开放、开拓创新，缩小城乡差距，逐步消除城乡二元结构，实现城乡一体化，实现全面建设小康社会和社会主义现代化的目标。

综上所述，围绕城乡统筹的公平关系，重庆新型城镇化路径的总体目标是实现城乡一体化，其本质理念是城乡"公平的发展机会—多元的发展途径—高效的发展结果"，实现标志是城乡社会、经济、资源、环境的融合。具体内容包括：城乡居民生活一致、城乡社会发展一体、城乡产业融合、城乡资源环境一体、城乡制度体制一体、城市与区域一体、城乡二元结构的淡化和消

除。重庆新型城镇化发展是一个系统工程，也是一项长期任务，必须坚持重点突破与整体创新相结合，不能一蹴而就，只能逐步推进。由此，重庆新型城镇化路径的阶段目标为：到2030年，城乡居民生活、社会发展、经济实力和城乡区域统筹发展水平迈上新台阶，城乡一体化发展的制度框架基本形成。城乡居民收入达到西部地区较高水平，基本公共服务能力、人均GDP达到全国平均水平，城乡区域发展的良性互动机制基本形成，"一圈"与"两翼"人均GDP之比、城乡居民收入比分别缩小到2.2∶1和3.15∶1。非农产业就业比重超过65%，城镇化率达到55%以上。基本形成城乡社会保障制度框架，扩大最低生活保障覆盖面，建立城乡低保标准联动调整机制。农业劳动力人均耕地达到3.1亩，土地规模经营比例达到25%，森林覆盖率达到38%，单位地区生产总值能耗明显下降。

到2030年，城乡居民生活水平稳步提高，社会发展和谐稳定，经济发展质量提升、结构优化，统筹城乡发展水平在西部领先，长江上游地区经济中心、西部地区重要增长极的功能形成，在西部率先实现全面建设小康社会的目标。城乡居民收入达到全国平均水平，基本公共服务能力高于全国平均水平，人均GDP超过全国平均水平，城乡居民收入差距缩小至2.5∶1，城镇化率达到70%。农业劳动力人均耕地达到5亩，土地规模经营比例达到50%，森林覆盖率达到45%，单位地区生产总值能耗进一步显著下降。

三、重庆新型城镇化路径的任务目标定位

在科学发展观的统领下，紧密围绕重庆新型城镇化路径目标的内容定位，确定重庆新型城镇化路径目标的战略任务。

（一）实施城乡区域协调发展战略

新型城镇化是城乡区域之间的多维互动过程，只有分工协作、优势互补、利益整合，才能有助于缩小城乡区域差异，实现城乡一体化的目标。基于重庆"大城市、大农村、大库区、大山区、民族地区"并存的特殊市情，结合全国统筹城乡综合配套改革试验区的战略任务，重庆新型城镇化路径的重点和难点均在农村地区、三峡库区、偏远山区和民族地区，而三峡库区、偏远山区和民族地区仍主要是农村地区，因此，以农村发展的形势最为严峻、任务最为艰巨。应始终把解决好"三农"问题作为重庆新型城镇化路径的重中之重，建立以城带乡、以工促农、城乡区域互动机制。一方面，推动现代农业体系建设，提高农业综合生产能力，增加农民收入；另一方面，实现农村公共服务全面覆盖，提升农村公共服务水平，缩小城乡区域的公共服务差距。

（二）实施产业优化升级战略

作为新型城镇化路径的推动力量与经济支撑，新型工业化的核心内容是构建新型产业体系，推动产业优化升级。基于重庆产业结构尚不合理、竞争优势仍有待提升的现状，结合新型城镇化、新型工业化的理论要求和城市产业的发展趋势，应把调整和优化产业结构、培育和提升产业竞争优势作为重庆转变经济发展方式、提高经济竞争能力的基本途径。一方面，落实产业调整振兴规划，推动电子信息、机械装备制造、重化工三大板块"比翼齐飞"，培育新能源汽车、风电光伏、新材料等战略新兴产业，抢占产业发展的制高点；另一方面，加快发展服务经济，促进先进制造业和现代服务业深度融合。

（三）实施资源环境保障战略

集约发展、可持续发展是新型城镇化路径的内在要求与必然趋势，而资源节约型、环境友好型的新型城镇正是顺应其要求的产物。重庆不仅资源利用较为紧张，人均占地少、土地可利用性差与工程性缺水等问题共存并愈发严重，而且三峡库区及周边地区的生态环境极其脆弱，这些都构成了对重庆新型城镇化路径的资源环境"硬约束"。因此，资源节约、环境友好成为重庆新型城镇化路径的现实要求，其主要内容包括：以绿色化、可持续、集约化为标准，转变经济发展方式，推进循环经济和低碳经济，不断提高资源和能源利用效率；树立生态立市和环境优先的理念，加强城乡污染综合治理，加快创建国家环境保护模范城市。

第四节 重庆城镇化路径的战略框架

在工业化和城镇化加速发展、经济社会全面转型、利益关系深刻调整的关键时期，以全球金融危机、统筹城乡综合配套改革为契机，适应城镇化发展规律与趋势，借鉴国内外成功经验，深刻把握世情、国情条件，紧密结合重庆新型城镇化路径实践，按照科学发展观的要求，正确处理城市与农村、城市与区域、资源与环境、政府与市场的关系，形成重庆新型城镇化路径的战略框架：以维护转移人口利益为核心，以城乡统筹为主线，利用市场和政府两种方式，以经济集聚、产业转变、结构转型和制度创新为四大支撑，推动城乡居民生活一致、城乡社会发展一体、城乡产业融合、城乡资源环境一体、城乡制度体制一体、城市与区域一体、城乡二元结构的淡化和消除，实现城乡一体化。

一、重庆新型城镇化路径的战略核心

维护转移人口的根本利益是重庆新型城镇化路径战略框架的核心，也是以人为本的主要体现。从人口转移的角度来看，一个完整的新型城镇化过程涉及两个阶段：农村劳动力向城镇转移、城镇人口规模增加的阶段；农村劳动力在城镇的生产、生活方式发生根本性转变、完全实现市民化的阶段，两者同等重要，相互协调、相互推进。与之相对应，转移人口也可分为两个部分：即将或正在转移的农村人口和已经转移的农村人口。

根据重庆新型城镇化发展的战略目标，2030年重庆城镇化率将要达到70%，比2015年的53.02%增长近17个百分点，这意味着重庆将有数百万农民进城成为新市民。2017年重庆市常住人口3075.16万人，比上年增加26.73万人，其中城镇人口1970.68万人，占常住人口比重（常住人口城镇化率）为64.08%，比上年提高1.48个百分点。如果把人口外迁和内迁的因素暂时忽略，重庆422.55万进城农民仍然保留着"城乡候鸟"的身份。综上所述，重庆即将转移和已经转移的农民数量巨大，而且三峡库区移民安置的任务也相当繁重，各种现象的叠加对重庆新型城镇化发展是一个极其严峻的挑战和压力。如何切实维护转移人口的根本利益，直接关系到重庆新型城镇化发展的速度和质量。为此，一是针对即将或正在转移的农村人口，重点是通过改革户籍制度以彻底消除农民进城的樊篱，加强对农民有针对性的职业技能和综合素质的培训，积极引导农民特别是新生代农民进城就业和落户；二是针对已经转移的农村人口，重点是善待失地农民，不仅要为其提供稳定的工作机会、培训渠道和较高的工资水平，还要让其同等地享有城镇住房、医疗、子女教育等国民待遇，从而完全实现农民市民化。

二、重庆新型城镇化路径的战略主线

城乡统筹是重庆新型城镇化路径的主线，也是其试验区的历史任务。新型城镇化作为由生产力进步而引起的人类生产与生活方式的转型过程，同时也是城市和农村良性互动的过程。城、乡是两个相互影响、相互合作的系统，只有彼此配合和协作，才能形成优势互补、利益整合、共存共荣、良性互动的新型局面。在传统城镇化路径中，城乡的有机联系被忽视，其结果导致城乡二元分割、城乡发展失衡。城乡统筹的实质是促成城乡二元结构向现代社会经济结构转变，而这正是新型城镇化内涵的基本要求。因此，以城乡统筹作为重庆新型城镇化路径的主线，有利于冲破要素流动、资源配置和各自管理的政策体制束缚，有利于实现城乡互动、共同繁荣，是实现经济社会又好又快发展的必然选择。

依托国家统筹城乡综合配套改革试验区、国家中心城市、国家级开发区的战略地位以及"政策洼地"效应和"先行先试权",最大限度地缩小城乡差距,根本改变"小马拉大车"的市情始终是贯穿重庆新型城镇化路径的主线。为此,一是立足于国家中心城市和国家级开发区——两江新区等战略平台,推动城市经济社会发展,提升城市的综合实力,增强城市的辐射带动能力;二是始终把解决好"三农"问题作为重中之重,推动现代农业体系建设,提高农业综合生产能力,增加农民收入,实现农村公共服务全面覆盖、提升农村公共服务水平;三是构建城乡发展的良性互动机制,通过统筹城乡的制度安排与资源配置,实现城乡资源和要素的高效流转。

三、重庆新型城镇化路径的战略方式

市场推动和政府推动是推动重庆新型城镇化路径的两种方式。如果完全由市场推进新型城镇化路径,则可能造成新型城镇化路径的无序和混乱,最终促使社会收益小于社会成本;如果完全由政府推动新型城镇化路径,客观上会增加新型城镇化路径的成本,从而延缓新型城镇化路径的进程。任何一方的缺位或越位都会影响到新型城镇化路径实际效应的提高及城乡一体化目标的实现。总体上,在新型城镇化路径中,一方面,要充分发挥市场配置资源的基础性作用,保证各种经济要素的自由流动;另一方面,要通过转变政府职能,提供公共服务与公共产品,维护社会的公平正义,监督、管理市场秩序,为新型城镇化路径创造良好的市场条件。

在重庆新型城镇化路径的外部环境中,由于传统路径依赖效应而导致的"强政府、弱市场"的特征仍然存在,但政府的适时、适当退出以及市场的适时、适当进入是不可避免地趋势和要求。尽快科学地确定中央政府与重庆市政府、政府与市场的功能分工是重庆新型城镇化路径必须解决的基本难题。在中央政府与重庆市政府的关系方面,由于重庆的改革和发展上升为国家战略,重庆市政府在一定程度上已然承担起部分同家职能,积极引领国家的改革方向和政策制定,新型城镇化路径中的重庆市政府兼具"导向型政府"(对新型城镇化路径的全过程宏观调控、引导、监督和规范)和"服务型政府"(在中央政府的导向下,充分发挥规划、指导、干预、规范的作用,及时有效地解决传统城镇化路径中的遗留问题,并为新型城镇化路径的健康发展创造良好的条件和环境)的双定位,而"导向"性在某种程度上可能要高于"服务"性。所以,重庆市政府应充分把握和利用政策洼地效应、先行先试权,制定重庆新型城镇化路径的长远规划,进行政策和制度创新的试点与示范,

探索新型城镇化的实现路径。在政府与市场的关系方面，重庆市政府应把提供"低水平、广覆盖、均等化"的城乡公共服务作为其基本职能，切实维护转移人口的根本利益，培育和完善市场机制，充分发挥市场在人口转移、要素集聚、产业升级等方面的推动作用，为重庆新型城镇化路径提供良好的市场环境。

四、重庆新型城镇化路径的战略支撑

经济集聚、产业转变、结构转型和制度创新是重庆新型城镇化路径的四大支撑，其中经济集聚是基础，产业转变是核心，结构转型是根本，制度创新是保障。

（一）经济集聚是基础

城市经济的本质特征是集聚，城镇化就是要素、生产、交换和消费向城镇集聚的过程。其中，消费集聚是要素、生产、交换集聚的结果。一是要素的集聚，随着人口向城镇的不断集聚，土地、资金等生产要素也向城镇集聚，构成了城镇聚集经济的人力条件和物质基础。二是生产的集聚，各种生产要素通过一定方式加以组合，形成生产活动，产业也因此兴起。三是交换的集聚，城镇为人们的商品交换行为提供了市场体系、中介机构、便利的交通与信息条件。四是消费的集聚，这是要素、生产、交换集聚的必然结果。在新型城镇化发展过程中，人口、土地、资金等通过市场进行自由流动、交易和配置，在提高生产效率的同时推动了传统产业的优化升级与新型产业的形成。目前重庆正处于城镇化中期阶段，城市经济以集聚效应为主，以扩散效应为辅。基于"长江上游经济中心"重要定位的实现，重庆应充分利用、吸纳城市本身和周边地区及国内外的各种资源要素和积极因素，以增强城市的经济实力和发展潜力，为新型城镇化路径提供丰厚的物质条件和经济基础。

（二）产业转变是核心

产业转变的过程就是产业从分散到集中的空间变化过程，就是产业结构不断改善、产业素质与效率不断提高的过程，亦是推动城乡形成互促共进的经济技术联系，城乡产业共生发展的过程。产业转变的过程是加快推进重庆新型城镇化进程的核心所在。产业转变涵盖发展产业集群、促使产业升级和实现城乡产业融合三个方面。

发展产业集群。在全球化与信息化交互加速发展、知识经济社会到来的背景下，产业集群是新型城镇化产业组织的必然趋势。产业集群不仅可以通过分工专业化与交易便利性，有效地结合产业发展与区域经济为新城镇化路径拓展地理空间，促进城市群的形成和发展，还能有效地推动城镇生产与生活功能分离，提高城镇的规划科学性、布局合理性以及设施共享性，降低新型城镇化路径的成本。在重庆新型城镇化路径中，推动产业集群发展，着力培育一批千亿级、百亿级园区是必然要求。应集中发展北部新区、空港工业园、九龙工业园、茶园工业园、花溪工业园等重点发展的技术密集型和资金密集型产业，鼓励发展高新技术产业、装备制造业、汽车、摩托车和材料加工等工业。

促进产业升级。产业升级主要是指产业结构的改善和产业素质与效率的提高。城市产业正在或即将向高度化、高端化、专业化、特色化、集体化、绿色化、国际化的方向发生转变。因此，提高特色优势产业、先进制造工业、高新技术产业、园区产业、生产性服务业、绿色低碳产业以及品牌化产业的比重，使其逐渐成为新型城镇化路径的主要力量。基于重庆产业结构尚不合理、竞争优势仍有待提升的现状，应把调整和优化产业结构作为重庆转变经济发展方式、提高经济竞争能力的基本途径。依据重庆新型城镇化路径的战略任务，应以技术创新为主，推动电子信息、机械装备制造、重化工三大板块"比翼齐飞"，加大力度培育新能源汽车、风电光伏、新材料等战略新兴产业，同时加快发展服务经济，促进先进制造业和现代服务业的深度融合，推动各类产业跃上新的台阶，实现产业结构的改善，产业素质与效率的提高。

实现城乡产业融合。城乡产业融合的实质是根据城乡不同特质和发展优势，合理解决城乡产业关联度过低的问题，推动城乡形成互促共进的经济技术联系，实现城乡产业的共生发展。作为重庆城乡二元结构在区域上的表现形态，应建立"一圈"与"两翼"的产业协同发展新机制，推动"一圈两翼"统筹协调发展。一是要增强"一圈"的辐射带动作用，通过构建大型产业基地，发展产业集群，提升综合实力和竞争力；二是要发展适宜在"两翼"布局的相对优势产业，建设特色产业园区和公共服务平台，提升承接产业转移的能力；三是要完善"一圈""两翼"的对口帮扶机制，推进异地办园、协助引进项目、援建标准厂房、对口扶持企业等工作。

（三）结构转型是根本

新型城镇化本质上是一场以人为中心的，涉及经济、社会等诸多领域的全面转型和深刻革命，蕴含着发展理念的根本转变、彼此关系的和谐融洽以及整体效益的整合提升等。结构转型主要包括产业结构、就业结构、空间结构和文化观念的转型，四大转型相互联系、彼此促进，共同推动城乡实现可持续发展。

产业结构转型。产业结构转型的趋势表现为以城市产业为突出优势向高度化转变,以周边区域集中发展城市需求导向型的多元化产业带动现代农业的发展,从而引领区域产业结构对其附属区域的继续转型。2015年重庆主城拓展全面进入"外环时代",1000平方千米、1000万人口特大城市的架构由此拉开。与此相对应,产业结构也将发生转型:内环着力于发展总部经济、服务外包和现代服务业,产业发展趋于高端化;内外环之间布局先进制造业和大型物流基地,产业发展向辐射型、带动型转变;外环地区则重点发展都市农业和生态旅游业。

就业结构转型。在产业结构转型的推动下,城市新产业的兴起扩大了就业容量,吸引农村劳动力向城市转移,从而实现人口的空间转移;周边区域的城市导向型产业和现代农业发展,其结果是农村劳动力就地城镇化,并逐渐实现职业转换。随着产业由内环向外环依次有序地扩展,重庆劳动力的就业结构也将呈现出与产业结构相同的特征:内环地区以从事服务业的劳动力为主,内外环之间以从事新型工业的劳动力为主,外环地区则以从事都市农业的劳动力为主。

空间结构转型。在产业结构转型和就业结构转型的双重影响下,城市发展出现了要素集聚和功能提升的趋势,卫星城得到蓬勃发展;而周边区域则出现了镇的"市化"和村的"镇化"的发展趋势。空间结构从"城乡二元分割型"逐渐转变为"城乡一元融合型",城乡界限变得愈加模糊。按照建设1000平方千米、1000万人口的国家中心城市目标,重庆要加快建设北部新区,提速开发西部新城、东部片区和南部片区,推动人口和产业向外环扩展,尽快形成一批新的功能组团以及连接各组团和卫星城的快速通道、绿色廊道。

文化观念转型。在产业结构转型、就业结构转型和空间结构转型的基础上,城市文化将发挥对农村文化的辐射和带动作用,城乡二元文化差距将逐步缩小。文化是一种软实力,重庆不仅要培育和提升城市文化实力,还要加速公共文化服务向农村和基层倾斜,重视和支持民营企业的文化发展,营造适应新型城镇化发展要求的文化氛围与环境。

(四)制度创新是保障

制度创新是重庆新型城镇化路径的基本前提和有效保障。重庆制度变迁呈现出政府强制性占据主导地位、需求诱致性不断增强的渐进式路径特征,其积极效应显著,从根本上推进了重庆新型城镇化发展。但由于制度创新供给滞后化、效应释放有限,这些不利因素成为重庆新型城镇化健康、有序发展的掣肘。因此，重庆新型城镇化路径的制度创新的总体定位是"服务于新型城镇化、推动新型城镇化发展"，目标是"构建一个服务于新型城镇化、推动新型城镇化发展的公平的、高效的制度体系"。在遵循公平与效率兼顾、城乡统筹、目标可行、体系完整、有序推进、全面系统、把握底线等原则的前提下，以政府和民众为两大主体，以正式制度和非正式制度为两大支撑，通过强制性和诱致性的变迁方式，构建服务于新型城镇化、推动新型城镇化发展的公平的、高效的制度体系。重庆新型城镇化路径的制度创新的总体框架是：以政府和民众为两大主体，以正式制度和非正式制度为两大支撑，通过强制性和诱致性的变迁方式，构建服务于新型城镇化、推动新型城镇化发展的公平的、高效的制度体系。根据重庆新型城镇化路径的实际进程，户籍制度、土地制度、社会保障制度、农村财政金融制度等应是制度创新的重要领域和关键环节。

第二章 新时代背景下重庆市产业集群与城镇化互动发展模式研究

第一节 重庆市产业集群与城镇化互动发展的逻辑

产业集群提升了城镇化所需的诸要素的形成和发展速度，进而促进了城镇发展，为城镇空间扩张提出了更高的要求。同时，城镇化为产业集群发展提供了空间地理载体，是产业集群发展的有力支撑。因此，产业集群与城镇化是互相促进、协同发展的。

一、产业集群与城镇化互动发展的理论分析

21世纪以来，世界经济产业结构有序演变和城镇化进程加快，诸多学者开始关注区域产业结构有序演变与城镇化进程相互作用的系统研究。早期的斯科特等主要是侧重于研究工业化与城镇化的动力关系；兰帕德、贝里等主要研究区域经济增长与城镇化的关系；芒福德、朗勒里等研究城市间的联系在区域经济系统发展中的作用。人们从经济发展实践中体验到产业集群与城镇化之间存在一定的关系，产业集群与城镇化发展存在互动机制。

（一）产业集群是城镇化发展的基础和持续推动力

工业在一定区域范围内的聚集必然导致从事该领域的劳动力在该地域上的聚集，即所谓的人口聚集。大量人口的聚集又产生了对第三产业的需求，从而形成第三产业的聚集。这种工业聚集—人口聚集—第三产业聚集的过程，在特定区域形成以非农产业和非农人口为主体的产业和人口聚集地点即为城镇，或导致已有聚集点（城镇）聚集规模的扩大。首先表现为人口的集中，实质上是产业的集聚。工业在城镇的聚集和发展是城镇得以发展的动力源泉，只有工业发展了，才能创造出更多的物质财富，才能产生发展第三产业的需求，从而吸引人口向城镇聚集，推动城镇化进程。因此，要加快城镇化进程，

就必须推动城镇二、三产业的发展，而二、三产业发展的有效组织方式是集群发展。产业集群的发展对城镇化的推动作用表现在：

1. 产业集群是形成城镇化的基础

产业不断发展与升级，集群不断壮大与优化，区域需要更多的劳动力、资金等生产要素，从而形成自组织的城镇化。可见，经济发展的空间集聚与分化形成城镇化。因此，城镇数量上的增加是以产业集群的发展为基础的。只有依靠产业集群，城镇化才能实现健康、可持续发展。区域城镇化水平取决于一个国家或地区的工业化水平和经济结构演变程度，即工业发展带来产业结构的演变，从而产生城镇化。产业集群引起产业结构的有序演变引起城镇化动力机制的变化，表现出城镇化不同的地域模式。区域内城镇化的主导作用和产业结构的有序演变不断增强，而这种带有普遍意义的区域产业结构有序演变的重要动力之一来源于地方产业集群的健康成长和发展，产业集群通过影响区域产业结构的有序演变进而推动城市空间结构优化和加速城镇化进程。

2. 产业集群利于扩大城镇化规模

产业集群成长和发展过程中吸收大量农村人口，促进大量剩余劳动力就业。越来越多的农业劳动力就业于非农产业，来自非农产业的收入也不断增加，农村经济逐步繁荣。小城镇这样通过人口集中，地域空间不断扩大。产业集群中企业大量集聚，产业链逐渐延长，人员、设备、厂房也逐渐增多，从而对居住用地、工业用地和商业用地的需求也日渐增大，城镇规模自然也随之增大。

3. 产业集群可提升城镇竞争力

产业集群提高劳动生产率，降低运输成本、交易成本、服务成本。产业集群化还具有强烈的知识溢出效应，集群内企业间相互交流经营经验，共享技术信息。产业集群的发展促进城镇吸收更多的人口和要素，城镇的经济实力也随之增强。工业集群的发展需要服务咨询、财务支持、教育培训等中介服务机构；工业集群还需要为生活服务的运输、商业、饮食等行业的发展。所以，产业集群的发展带动第二产业、第三产业发展，这样国民经济中第一产业比重下降，第二、三产业比重上升，经济结构因此优化。产业集群的发展可以提高产业竞争力，从而增强产业集群所在地城镇参与国内外竞争的能力。

另外，产业集群还可以促进区域交流与合作、提高中小城镇政府治理水平等，多方面促进城镇化发展。所以，产业集群是城镇化发展的重要推动力。

(二)城镇化是产业集群的重要依托

产业集群的发展推动城镇化进程,促进城镇化率的提高。城镇化进程的加快以及城镇化率的提高,又会促进、带动产业结构进一步升级与优化。城镇化对区域产业结构的演变具有支撑、拉动、载体等作用。城镇产业结构和服务设施随着城镇化的发展和城镇规模的不断扩大而不断完善,又将会促进工业化的集约发展和产业结构的演进,从而导致产业结构多元化和高度化,促进产业集群的成长。城镇化对产业集群的推动作用表现在:

1. 城镇化推进产业集群发展

城镇是人、财、物等各种生产要素的集中地。通过专业分工和相互协作,城镇把各种生产要素集聚在一起,并且使各要素之间形成复杂的网络联系。这样,城镇具有的高效的劳动力市场、良好的基础设施、便利的交通、高效的物流、通畅的信息等能吸引投资、使集群内企业节约成本,增强了对该城镇区域内产业的集聚作用,产业集群在城镇良好环境条件下更加稳固地发展。

2. 城镇化促进产业集群优化

随着经济社会的发展,城镇化水平提高,产业集群内技术水平也随之提高、产业结构也随之调整,这样集群也随之向高级化方向演进。产业结构的优化升级在现代经济条件下主要是通过产业结构的不断调整来实现的。产业结构的不断调整必须在其赖以发生的物质条件已经具备的前提下才能进行,而城镇化为产业结构调整提供赖以实现的物质条件。只有城镇化才能使生产要素流动和科技成果转化比较顺畅,才能把体制等外生变量对产业发展的阻碍作用降低到最低程度,从而保证产业结构调整。城镇化以经济的协调增长为基础,协调增长引起消费水平的提高和需求结构的变化,为产业结构调整提供必需的条件和手段。

3. 城镇化提高产业集群的竞争力

城镇化过程中人口集中,资本、商品、生产资料等市场兴起,产业集群的成本随之降低,产业集群的竞争力也随之增强。同时,城镇化水平的提高促进产业集群的进一步专业化分工,产业集群从全套型向产业链式转变。这样集群的企业可以参与更广阔的区域分工与协作。另外,城镇区域品牌的形成也同样能提高该城镇产业集群的竞争力。

可见,在当今经济全球化、区域经济一体化的背景下,产业集群正逐步演变成一种推动经济发展的新兴而有效的空间组织形式,它为区域城镇化要素的空间集聚提供了最佳载体,而城镇化的推进又反过来为区域产业结构升级和竞争力的提升创造了更为有利的基础条件。

二、产业集群与城镇化互动发展推进重庆市城乡统筹发展

国务院审议通过了《国务院关于推进重庆市统筹城乡改革和发展的若干意见》，指出重庆市作为中西部地区唯一的直辖市，作为全国统筹城乡综合配套改革试验区，在推进改革开放大局、促进区域协调发展中具有重要的战略地位。加速城镇化建设是重庆市城乡统筹发展的核心，只有大力促进重庆市城镇化发展，才能稳妥推进重庆市城乡统筹发展的进程。重庆市产业结构的优化与升级、产业集群的培育与发展是加快城镇化建设的动力，也是城乡经济统筹发展的要求。因此重庆要实现城乡统筹科学发展，必须加快城镇化发展，把握自己的产业优势，走产业集群与城镇化互动发展的道路。

（一）城镇化进程促进重庆市城乡统筹发展

重庆是一个重工业占主导地位的城市，这个战略曾带动国民经济的高速增长，但也使重庆两极分化。历史和地域特点造就重庆成为一个大城市与大农村并存、城乡二元经济结构特征明显的城市。这致使重庆市城镇化赖以启动和发展的乡镇企业集中度低，缺乏原始积累，技术水平不高，基础设施环境条件相对落后，无力满足结构重组、产业升级的要求。尽管近年重庆市城市建设和小城镇发展取得长足进步，但城市发育还不够，辐射功能还很弱，城镇规模偏小，发展后劲明显不足，城镇化管理水平还不高，城镇化滞后于工业化。重庆市农业人口众多，2015年重庆市城镇化率仅达53%，与发达地区相比还有很大差距。因此加快城镇化建设，吸纳更多的农村劳动力，促进人口向城镇聚集，推动其生产、生活方式向城镇转变，是实现重庆市城乡统筹发展目标的必然要求之一。

（二）重庆市城乡统筹发展需要更多特色的产业集群

重庆市是我国的老工业基地之一，重工业传统产业比重相当大，其国内生产总值中第二产业比重一直居高不下，第三产业难有突破性进展。与一些发达国家和地区的城市的第三产业国内生产总值比重达70%以上相比，差距相当大。第二产业不活跃，第三产业相对弱势，产业集群数量少且规模偏小，对城镇化发展缺乏带动力。《国务院关于推进重庆市统筹城乡改革和发展的若干意见》中明确提出"充分发挥现有工业基础优势，培育发展新兴产业，增强主导产业的优势和活力。发展壮大汽车摩托车、装备制造、石油天然气化工、材料工业和电子信息五大支柱产业，形成实力雄厚、关联性强的优势产业集群"。因此，着力构建特色优势产业集群，是实现重庆市城乡统筹发展目标的必然要求之一。

第二节 重庆市产业集群与城镇化互动发展模式

产业集群与城镇化互动发展模式具有多样性及普遍性等特点。当市场经济发展到一定阶段，为提升产业竞争力，需要对相关产业进行有效整合，以满足不断扩大的市场需求，这样，在特定的区域就自然而然地形成一种新的产业区——产业集群区。同时，随着产业集群的发展，产业集群所特有的乘数效应促使农村劳动力向该产业区域转移和集中，进而带动诸如通信、商业、服务等第三产业发展。另外，产业集群的形成和发展，促进区域经济发展，进而推动城市化进程。城镇化水平的提升反过来又为产业集群发展提供了有效支撑。产业集群发展与城镇化形成了互促共进良性循环。本节分别从市场主导型和政府主导型两个角度出发，对产业集群的健康发展与城镇化互促共进发展模式予以研究。

一、市场主导型产业集群与城镇化互动发展模式——以专业市场为对接平台

市场主导型产业集群与城镇化互动发展模式，是指在市场条件下，产业集群内关联企业根据其自身发展的需要，积极取得核心竞争力或竞争优势，从而推动产业集群发展，进而推动区域经济发展，提升产业集群所在区域城镇化发展水平。该模式是市场作用下产业集群与城镇化互动发展的自主选择，凸显了企业经营行为的自主性。

专业市场有狭义和广义之分。狭义上的专业市场通常是指在某一特定领域中，形成以某个产业的大类产品为核心，以专业化服务机构以及相关企业、产品、服务等为配套，产品门类齐全、配套服务完善、空间集聚程度高，并在该产品及上下游产品体系中具有强大的竞争能力的产业或产品发展、流通载体。广义上的专业市场是指在某一特定领域中，相关产品和服务的一种流通活动在空间上的聚集。专业市场与产业集群的互动发展模式已成为我国东部沿海地区经济发展的典型特征，对产业集群发展和城市化具有重要的意义。本节以朝天门专业市场为例，以专业市场为对接平台，研究市场主导型产业集群与城镇化互动发展模式。

（一）专业市场对产业集群发展的作用分析

专业市场是指在一定区域内形成的，集管理、贸易和服务于一体的商贸集群，与产业集群、城镇化发展互动发展，互动性非常好。迈克尔·波特在竞争优势理论基础上探究了产业集群的形成与发展，认为产业集群发展最终决定于市场。作为产业集群的市场主体，专业市场促进产业集群的形成和发展。这表现在以下三个方面。

1. 专业市场促进社会分工的深化，进而带动产业集群的形成

产业集群形成的基础条件是集群内企业间的专业化分工与协作。专业市场是高效的产品交易市场，可以深化社会劳动分工，从而促进产业集群的形成。专业市场可以协调集群内社会劳动分工，从而大大降低社会劳动分工初期的协调成本，进而打破了集群间的市场分割，这样企业数量增加，企业规模扩大，产业集群也就应运而生。

2. 专业市场拥有信息优势，促进产业集群良性发展

专业市场实时的交易行情，汇集了产、供、销的大量及时信息，并快速、低成本向集群内企业提供关于产品质量、价格、供求关系等相关市场信息服务，这样企业可以节约收集市场信息的费用，便于企业及时调整产品结构、开发新产品。借助专业市场迅速的信息反馈和传递，企业能对快速变化的市场做出较准确的判断与应变，从而促进产业集群的良性与持续发展。

3. 专业市场的激烈竞争，支撑产业集群升级与优化

近似于完全竞争市场，专业市场强化了优胜劣汰的竞争机制。激烈的市场竞争能够促进集群内企业不断提高产品质量、降低生产成本，改善经营管理水平，推动产业集群内企业结构的优化，促进产业结构调整和产业集群产业升级。

二、重庆市专业市场的发展现状

按照经营产品种类分，目前重庆市主要形成了小商品、服装、家具、建材小家电、图书、农产品、药材、水产品、机电、个人电子等市场。其中每一个部类的产品市场通常分为若干区位布局或若干分市场。现以朝天门专业市场为例，以专业市场为对接平台，分析产业集群和城镇化互动发展的模式。

（一）重庆朝天门专业市场概述

重庆市朝天门地区历来是商贸云集之地。重庆朝天门综合交易市场位于嘉陵江、长江"两江"交汇处的陕西路、新华路、朝东路和"两江"滨江路之间，市场营业面积约为50万平方米，有31个交易区、100余个交易厅、

15000多个摊位，日客流量在 30 万人次以上，从业人员 10 万余人，入驻企业和个体户上万家，主要经营各类高、中低档服装，服装配饰，纺织面料，塑料制品，鞋帽，针织品，床上用品，日用化妆品等 20 余个商品大类，是长江上游最大的日用工业品批发市场。

（二）市场发展历程

1. 市场历史阶段（公元前～1949 年）

3000 多年前重庆沿江一带的原始交易市场上，货品非常丰富。春秋战国时期，朝天门码头上，挑夫踏歌而行。第二次鸦片战争期间，内陆的重庆被辟为商埠，重庆的水域码头因此成为中国最早的对外通商口岸之一。随着口岸的开通，其副食、土特产的出口量也逐年递增，当时的重庆成为与上海、武汉媲美的中国第三大商埠。新中国成立前，"9·2"特大火灾后，繁荣的朝天门商贸区化为灰烬。

2. 市场兴起阶段（1987～1995 年）

在朝天门地区最早创办的综合交易市场可追溯至 1987 年，是由重庆市商储物流有限公司在朝天门创办的"商储商场"。当时负责重庆商业企业的货物储备和运输的重庆商业储运公司，与渝中工商分局联合创办朝天门综合交易市场，从事面料及服装批发，开创重庆交易市场建设的先河。

市人大十一届三次会议上，103 位代表提出了"加快朝天门仓库区的开发利用，建成商业城"的议案。市、区两级政府和有关职能部门大胆决策，确定在全国率先将闲置的仓库区改建成朝天门综合交易批发市场。

商储公司抓住这一历史机遇，投入数千万元资金，将朝天门地区的仓库全部改造成为市场，形成 4 个交易区。在市、区政府的指导和推动下，商业储运公司在朝天门市场迅速发展壮大，示范带动效应也逐步显现，大量社会资本纷纷进入，也促进了商储公司的变革与突破，市场从无到有，从小到大迅猛发展。

在朝天门市场最初的兴起阶段，档口采用原始的木板，一块一块地镶上去，跟新中国成立前的店铺没有两样。由于经营户以前大多是马路市场的小贩，没有任何品牌意识，没有门牌号，也没有招牌。

3. 市场第一次扩容阶段（1995～2000 年）

1995 年以后，朝天门市场进入大发展时期。许多开发商更是紧紧抓住朝天门市场组建批发市场的机遇，赚得了企业发展的第一桶金。1995 年底，大正集团投入 2.6 亿元开始运作首个项目——大正商场，由市工商局命名为"朝天门综合交易市场第十二交易区"，主营服装、杂件、日化、玩具、文体用品。

1995年重庆银星物业发展有限公司与成都军区后勤部联合开发朝天门综合交易市场第十八交易区——"银星商城",主营玩具、文体用品、工艺品、日化用品、针织品、鞋类等小商品。同年,协信在朝天门投资1.5亿元,建成了设施一流的协信商厦。掘得第一桶金后,开始大规模涉足房地产开发等多个领域;除外,由恒滨建设(集团)有限公司在投资开发的恒滨商厦开业,成为重庆市规模最大的牛仔服饰品牌基地,其主营的牛仔服饰集中了来自全国各地的牛仔服饰品牌。

华华实业公司1993年开辟童装城,1996年兴建大生商场。之后,组建了大生经贸公司,实行国有控股、职工参股的方式,迈出了国企改革关键的一步。2002年,以大生公司为依托顺利进行国企改制,摘掉了亏损数千万元的帽子。

1997年重庆长航公司建成金海洋商场,物业建筑面积近6万平方米,集小商品交易、写字楼、宾馆酒店、餐饮、娱乐为一体的综合性物业,营业面积1.8万平方米,主要经营日用百货、文体办公用品、小家电小五金及高中档皮具箱包等数千个种类。后来发展成为西南地区最大的小商品城。

这一阶段,朝天门市场经营总面积从几万平方米,迅速扩大到20多万平方米,销售额跃居西部地区同类市场榜首,开始跻身全国十大工业品批发市场,整个市场商品辐射扩大到全国200多个省、县(市、区)。这一阶段,温州商人的入驻从生活上、经营上和为商的意识上,都给朝天门的经营户注入全新发展理念。温州发展模式的示范,使得朝天门市场的经营企业和个体商户充分体会到,做服装更应做品牌。同时,在相互学习和竞争过程中,重庆本土的服装企业逐步发展壮大,成就了大批重庆服装本土品牌。

4. 市场第二次扩容改造阶段(2005年以来)

(1)市场扩容

2005年开始,朝天门市场进入第二次规模扩容阶段,商战气氛渐趋浓厚。浙江中豪集团、重庆市地产集团、长德置业纷纷投资朝天门市场,打造的3家商场陆续开始招商并营业,另外营业面积超过1.7万平方米的朝天门新鞋城也在2015年开业。两年新开4家商场,营业面积增加6万多平方米。市场规模的持续扩大,对于推动老商场硬件改造和软件提升具有重大推动作用。

两江服饰广场即新华路原三峡大厦,与重庆饭店隔街相望,2015年前烂尾达10年之久。2015年1月,温州商人以1.3亿元的价格接手。温州背景的浙江中豪集团斥巨资打造两江服饰广场,共9层楼,经营面积超过3万平方米。

长德家居饰品城紧邻两江服饰广场,由长德置业公司投资,总经营面积5000平方米。2016年9月正式营业。该楼盘曾被市建委纳入主城区33个"久建不完工"工程之一。

重庆地产集团旗下的康田置业公司投入1500万元，与朝天门市场经营管理公司联手打造的东正广场，一期工程面积达6000平方米，共有200多间铺面。东正广场凭借紧邻湖广会馆的优势，外部明清建筑风格装饰，内部装修也融入了巴渝古典老街的韵味，逐步成为朝天门市场唯一的景观式精品特色批发商场，主营外贸休闲服饰等。

朝天门市场扩容势头较猛，号称西部最大的鞋类交易市场正式在朝天门市场开业。朝天门新鞋城位于海客瀛洲一、二楼，交易面积达1.7万平方米。但朝天门市场在经历了第一次扩容后，市场需求已经趋于饱和，在竞争日益激烈的情况下，新商场定位越来越艰难。两江汇服饰广场定位为重庆市女装和鞋类批发零售中心，但因与协信、大生、圣名等女装城有冲突，在经历了短暂的火爆招商后，逐步走向衰落。而长德大厦在第三次修改经营定位，由原来的家居饰品城改为布艺城，经营面积约9000平米，但由于品种单一，布料、窗帘价格持续走低，消费周期长等因素，商场发展受到严重制约。长德新美小商品城，在定位为小商品经营后，与金海洋商场、银星小商品城经营同质化，经营状况不佳。目前修改为家居饰品城，并突出婚庆特色，总体营业面积1000多平方米，成功招进了数家经营大户入驻，对整个商场起了积极带动和支撑作用，商场经营逐步走出困境。

（2）市场改造

随着朝天门市场新鲜血液的不断注入，不同程度地促进了老商场观念的更新、硬件的投入和服务的改善。

改革开放以来，消费者对日常生活用品的需求日益多样化，对购物环境的要求越来越高，对商场的硬件、管理和服务提出新的更高的要求，加速了市场内各商场投入巨资进行改造升级的进程。

朝天门市场的调整、改造升级、换代，已成为各商场的普遍共识。朝天门市场整体竞争力的提升，与各商场追加投入、改善硬件设施、提升软件服务水平、积极引进现代的经营理念、经营方式和管理模式密切相关。朝天门市场各大商场开展了软件配套服务升级工程，提升了硬件水平和软件支持与服务。据朝天门市场商会不完全统计，仅2017年一年，朝天门市场的31家商场，追加的设施改造费用就近7000万元。

（三）以专业市场为对接平台的产业集群与城镇化互动发展模式分析

1. 专业市场是产业集群的外在表现

从产业集群的表现特点分析，产业的强关联度以及地理空间上集聚是其基本特点；专业市场是在某一固定空间上，相关产品集中式交易活动。对比两者的特点后发现，专业市场的出现与产业集群的发展密切相关，且前者是后者存在的外在表现。

首先，贸易业集群的存在是专业市场出现并发展的必要条件。专业市场的特点决定了市场内必然是代理、批发、零售等行业的大规模集聚，从形态上判断，它们是一种贸易业的集群。同时，在市场经济的作用下，专业市场内存在的规模集聚行业，具有极强的产业关联性。

其次，专业市场周边经济活动与专业市场具有很强的配套关联性。为了降低交易费用、提高交易效率，并及时有效获得交易信息，专业市场对相关的信息服务、生活配套、物流服务等具有较强的吸引力和凝聚力，并随着专业市场规模的扩大，越来越多的服务型企业、行业在成本增加幅度不大的前提下，逐步向该专业市场靠拢，集聚效应不断扩散，最终形成以配套服务为特征的配套产业集群或辅助性产业集群。

2. 专业市场对周边产业集群的形成与发展具有巨大推动作用

第一，专业市场在推动产业分工、促进产业集群的形成方面具有巨大推动作用。随着市场经济的深入，产品价值链条越来越长，从技术上对各个工序的分解已成为增强产品竞争力的必要条件，不同工序企业之间的联系越来越紧密，促进了产业集群的形成。专业市场的高效交易大大降低了产业分工初期高昂的协调成本，促成了企业之间的分工合作、共促互赢。

第二，专业市场为产业集群的产生提供了技术、信息、资金和智力支撑。专业市场的出现过程，本身是专业信息交流、智力资源汇集、先进技术运用以及资金涌入的过程，而这也正是产业集群式发展的突出特征。专业市场形成稳定的规模需求，可以吸引更多的投资，带动周边相关服务配套产业集群的形成，与经济活动中的"就近原则"相吻合。

3. 专业市场与现有产业集群联动发展

当发展环境适宜，专业市场与现有产业集群的发展特征表现为：互为前提、相互促进、相互增强的"联动式"。

专业市场是在交易成本较低的背景下，使产品市场覆盖面进一步扩大，专业市场内部较为集中、准确和快速反馈的信息是产业集群的发展方向、水平和规模的有效指引。专业市场有助于推动技术、产品和企业结构的进一步优化，促进地区产业的垂直整合，促进商业资本向产业资本渗透以及产业资本与商业资本相互转移和融合，有利于扩大产业集群规模、提高经济效益。产业集群的存在对专业市场产业的选择具有积极影响。国内外产业发展实际表明，产业集群的形成受资源禀赋、技术条件以及区位条件和文化传统等多因素的影响和制约。而专业市场的经营产品往往是经过产业集群选择后的优势产品，从而使专业市场达到更多的发展空间和市场竞争优势。同时，产业集群是以规模性为基础，这为专业市场的生存和发展提供了动力支撑。专业市场与产业集群相互促进、相互依赖，使得商品数量得以扩张、质量得以提升，专业市场辐射半径也得到极大延伸。

由上面的分析可知，以专业市场为对接平台，市场主导型产业集群与城镇化互动发展模式的特征可以概括为：

一是产业集聚首先是以商品专业市场的形成为标志或前提。

二是产业集群的形成途径是通过商业态的集聚、功能优化以及劳动力集聚产生的综合效应带动工业集聚，使产业集聚向纵向延伸发展。

三是产业集群网络构架是以区域周边与工业园区组成的产业立体式网络。

四是产业集群是产业功能优化、社会功能完备、城乡一体化发展的重要环节。

二、政府主导型产业集群与城镇化互动发展模式分析

政府主导型产业集群与城镇化互动发展模式，是指政府为了增强产业国际竞争力和提升城镇化水平，通过非市场手段如行政手段、法律手段引导产业集群城镇化互动发展的模式。政府主导型产业集群与城镇化互动发展模式与政府行为紧密相关。既有经济欠发达地区和基础薄弱产业为实现赶超战略实行的宏观层面导向行为，也有经济发达地区和基础雄厚产业实行的微观层面优化组合。在政府主导下发展，可以避开很多市场壁垒，得到科学合理规划，容易落实。

（一）政府主导型产业集群与城镇化互动发展模式之一——工业园区式

1. 工业园区与产业集群的关系分析

工业园区是指在发展早期政府划定特定区域，并着力打造成为园区式的产业中心。在具备产业发展基础上，工业园区通过制定优惠政策，吸引集聚企业投资和人力资源。当地政府根据综合区位优势来划定特定区域，等形成了产业集聚、产业集群后，通过外部性和区域经济性的提升，该区域的成本、市场等也取得明显优势，由此该区域的区位优势得到极大凸显。

重庆市作为新的直辖市，中央扶持政策多，交通便利，物流成本较低，工业产业基础较雄厚等，这些都是工业园区建设所需的基础条件。所以，以工业园区建设的方式来促进产业聚群是重庆城镇化建设最好的选择。重庆市

应加大工业园区建设力度，积极推进"工业向园区集中、人口向城镇集中"，推进工业布局的完善，优化产业结构，增强区域经济实力，这是实现"一圈"与"两翼"协调发展的重要战略举措，也是重庆市打造长江上游经济中心的实现路径。工业园区建设是加快重庆市新型工业化、城镇化、现代化建设的重要途径和核心载体。

2. 重庆市工业园区建设现状分析

重庆市特色工业园区是市属各区县结合当地资源优势和产业特色，经市政府命名的以工业企业为主体的市级产业园区。重庆市特色工业园区建设着力优化特色工业园区布局，着眼长远，立足全市，新增的工业项目以园区为基地，实现组团式、集聚式科学发展。由此重庆市进入工业布局空间调整、特色工业园区飞速发展时期。重庆市特色工业园区的发展成为重庆市工业经济发展的战略平台。建设特色工业园区，是重庆市贯彻落实"314"总体部署，深入开展城乡统筹综合配套改革试验，推进"产业向园区集中，人口向城镇集中"，打造产业集群的重要内容和重要支撑。为此，有必要对重庆市特色产业园区发展绩效进行综合评化。

从园区数量与面积上来看，从重庆市43个特色工业园区中，一小时经济圈的工业园区数量为26个，用地面积30007公顷，两翼地区一共17个工业园区，用地面积5229公顷，而两翼地区面积却占到了重庆市总面积的65%。从经济总量与投资上来看，2016年一小时圈地区工业园区工业增加值达到1180亿元，渝东北地区工业园区工业增加值为103亿元，而渝东南工业园区工业增加值只有16亿元，分别占比91%、8%、1%，两翼园区工业增加值占全市园区不到10%；一小时圈地区工业园区实现税收与工业固定资产投资分别是两翼地区工业园区加总10倍多与7倍多，虽然两翼园区近两年发展迅猛，但经济总量与一小时经济圈的差距仍然较大。从招商引资上来看，2016年两翼地区工业园区取得较好成绩，从新入驻企业数量上来看与一小时经济圈地区差距逐渐减小，但累计入驻总数还是不到一小时经济圈的16%；2016年一小时经济圈地区工业园区工业项目合同投资金额达到1037亿元，渝东北地区工业园区工业项目合同投资金额为219亿元，渝东南工业园区工业项目合同投资金额为218亿元，占比70%、15%、15%，工业企业及工业项目投资逐渐向两翼地区转移，但两翼地区在招商引资方面仍然弱于一小时经济圈地区，这与两翼园区起步晚，园区建设滞后，产业发展起步低及配套基础设施条件差有很大关系，在两翼园区投资中外资比例较小，特别是渝东南地区，2009年外资合同投资金额仅2亿元，说明两翼工业园区外向度还是很低，外商投资量少。

3. 以长寿化工园区为代表的产业集群与城镇化互动发展模式

重庆市人民政府批准成立重庆市长寿化工园区，这是重庆市资源加工业的重要平台。重庆市长寿化工园区第一期规划面积313平方千米，是重庆市集石油化工、天然气化工、精细化工、生物质化工和新材料等产业于一体的综合性化工园区。长寿化工园区自然资源丰富、配套设施完善、交通网络便捷、地理位置优越、产业基础雄厚，布局科学，规划合理。目前长寿化工园区引进了如英国BP公司、德国巴斯夫、美国普莱克斯公司、德国林德气体公司、荷兰帝斯曼、中远物流、法国达尔凯、德国德固赛、云天化股份有限公司等81家龙头企业。长寿化工园区优越的发展环境以及雄厚的产业基础，决定了长寿化工园区在众多工业园区中脱颖而出，逐步形成中国最大的天然气化工产业集群、西部一流的石油化工产业集群、西部先进的生物化工产业集群和西部先进的新材料加工产业集群等四大产业集群。在产业集群形成过程中，对整个长寿区城镇化发展产生了巨大推动作用。

首先，长寿化工园区是解决库区移民就业的重要载体。从从业人员总量看，园区各类企业从业人员中有一半以上来自三峡库区，对于吸纳库区移民就业，推动库区城镇化进程，有效解决库区移民安稳致富具有极强的推动作用。

其次，产业集群的形成有效地推动了长寿区地方经济发展，进一步夯实长寿区城镇化发展基础。2010年，长寿区地方生产总值为228.6亿元，其中二、三产业生产总值占地区生产总值的91%，工业总产值99.5亿元，占地区生产总值的43.5%。由此可知，长寿区工业园区的发展以及产业集群的形成对于长寿区的国民经济具有极大带动作用，为长寿区提高城镇化率、提升城镇化质量奠定了坚实基础。

最后，产业集群与城镇化的呼应关系。为了顺应长寿化工园区以及产业集群的发展趋势，长寿区逐步形成"一城、四组团、多点，十字串联生长，指状城乡统筹"的城镇空间布局结构，到2020年城镇化率达到73%。由此可见，产业集群的形成对于推动城镇结构优化、提升城镇化质量具有重要作用。同时，随着长寿区城镇化质量的提升，产业从业人员年龄结构、教育结构等不断优化，消费环境和投资环境也大为改善，对产业集群的进一步优化提升具有很强的推动作用。

4. 以西永微电子园区为代表的产业集群与城镇化互动发展模式

重庆西永微电子产业园区于2005年8月成立，位于重庆主城西郊，属于主城六大城市副中心之一的西永组团，总规划面积约37平方千米，毗邻重庆大学城和重庆铁路物流园。园区产业区约30平方千米，由"一区五园"组成，即西永综合保税区、软件及服务外包产业园、集成电路产业园、基础电子产业园、创新创业产业园和企业服务园。西永微电子产业园区是重庆市发展高新技术产业、优化和提升产业结构规划建设的电子信息产业园区。

经过近7年时间的努力，西永微电子园区已基本发展成了一个现代化产业园区。惠普、富士康、广达、英业达、微软、IBM、挪威RPR、中科院软件所、北大方正等国内外知名企业落户园区，基本形成了PC制造产业、集成电路产业、软件与服务外包产业、电子元器件配套产业等四大产业格局，日益成为重庆市自主开发、产业发展、引智引资的热点，成为重庆市吸纳劳动力、刺激消费、打造内陆开放高地的重要支撑。按照规划，西永微电子产业园区将打造成为亚洲最大的笔记本电脑生产基地、中国自主知识产权芯片研发制造基地、中国自主知识产权嵌入式软件研发基地、国家集成电路产业基地、国家软件与服务外包基地。重庆市战略新兴产业发展的创新核和增长极、重庆市内陆经济中心城市对外开放的试验区和示范区。

西永微电子产业园区的发展实际表明，产业集群的发展为推动地区城市化提供了基础条件，为区域经济快速发展和推动城市化提供了良好的产业基础。

第一，产业集群的发展为推动地区城市化提供了基础条件。随着西永微电子产业园区的飞速发展，水电气讯等基础设施配套日益完善。截至2014年1月，西永微电子园区开发公司在征地拆迁、基础及配套设施建设等方面累计投资近70亿元，开发整治土地8平方千米，完成征地拆迁2万亩，建成道路网35千米，建成厂房、软件研发楼、安置房、商业街等各类楼宇100多万平方米，同步完成园区水电气讯等配套设施建设，生活配套环境得以较大改善。基础设施的日益完善使得园区推进区域城市化的条件基本成熟。

第二，产业集群的形成，为区域经济快速发展和推动城市化提供了良好的产业基础。西永微电子产业园区通过产业集群的打造，2017年实现工业总产值1601亿元，同比增长26%；外贸进出口值1714亿元，增长14.6%，在全市的占比达到38%，在引领重庆产业未来的同时，对整个区域经济的发展具有巨大推动作用，也为推进区域城镇化提供了强有力的产业支撑。

（二）政府主导型产业集群与城镇化互动发展模式之二——商业中心式

商业中心区（Commercial Center District）是承载商品流、信息流、物流和资金价值流的空间载体，是一个城市或一定区域内集约化程度较高的商业核心区，该区域内商业资源富集，是城市中最高级的以零售业、服务业为主的第三产业设施高度集聚的街道和街坊。商业中心区促进产业集群与城镇化发展表现在：第一，由于良好的区位、产业集中的基础条件，城市商业中心区在人流、物流、信息流方面流量大，内外交流非常频繁，商业中心区区域经济活动比较集中。第二，商业中心人口集中，商业中心人流量大。位于城市（镇）繁华中心地带的商业中心区，人口分布密度大，交通运输量大，城镇人口比重大。第三，商业中心业态先进，产业集中度高，而且综合服务能力强，具有强大的辐射和示范功能。这种以商业中心为载体的促进产业集群与城镇化互动发展的模式被归纳为商业中心式，而政府在商业中心早期的规划、招商等方面起着非常重要的作用，因此也把这种模式归纳为政府主导的产业集群与城镇化互动发展模式。重庆市借鉴工业园区建设办法，集中打造中央商务区、区县商圈、商业特色街和乡镇（社区）商业点四个层次的商业中心。这极大促进了重庆市现代服务业与城镇化互动发展。如重庆市南岸区万达商业中心是由大连万达集团总投资20亿元兴建的，新建的南坪商圈也是重庆市最大的城市综合体之一，总建筑面积78万平方米，融大型购物中心、五星级酒店、写字楼、商业街区、高尚住宅、商务公寓为一体，是一个各类功能复合、互为价值链的高度集约的街区建筑群体，极大提升了南岸区城市化面貌和水平。同时，重庆市主城还有解放碑中央商务区、江北嘴中央商务区、江北观音桥商业圈、沙坪坝区三峡广场商业圈、大渡口步行街商务中心、鱼洞步行街等商务中心。

主城这些现代服务业产业集群区域，城镇化发展水平也都相当高，产业集群与城镇化互相促进，共同发展。而这些商务中心的规划、招商、建设与培育，政府都起着重要的作用。

（三）政府主导型产业集群与城镇化互动发展模式之三——汽车城模式

1. 政府设立四川汽车厂并以此为龙头培育汽车产业集群

1965年应国家三线建设要求，重庆市原双桥区境内兴建四川汽车制造厂。该厂生产了中国第一辆军用重型卡车，这是20世纪60年代国家投资2亿元引进法国贝利埃军车技术生产的。因四川汽车制造厂发展需求，1975年设立重庆市原双桥区。近半个世纪以来的发展，在原四川汽车制造厂及其合资组建的上汽依维柯红岩商用车有限公司及后来入驻的双钱轮胎（重庆）有限公司的带动下，双桥及其周边邮亭等地区陆续集聚精功汽车、鞍钢·贝卡尔特轮胎帘线、重汽改装、云河改装、军通汽车、晓鹰消音器、凯恩铸锻、双腾机械、长兴板簧等汽车整车、汽车摩托车零部件、轮胎及其配套生产企业近200家。双桥区经过多年努力，现已基本形成了以汽车，特别是重型汽车整车制造与改装，汽车零部件生产和销售为龙头，铸锻、饲料、化纤为补充的工业体系。同时随着 30 万吨高精铸造中心、开山空压机、洛矶山润滑油、艾洛斯电源、新世纪化纤、足航金属、聚航钢构、春兴合金等大中型企业的陆续入驻（其中 30 万吨高精铸造中心到 2012 年底全面建成后将成为亚洲第一、世界第二的大型环保型铸造企业），区域非汽车和新兴产业快速发展、产业结构不断优化。目前是国内三大重型汽车生产基地之一，被誉为是中国重型汽车工业的"摇篮"，汽车产业集群初具规模。

2. 汽车产业集群促进双桥区城镇化飞速发展

随着以四川汽车厂为龙头的汽车产业集群的形成与发展，原双桥区的规模不断扩大，城镇化水平不断提高，经济实力显著增强。这表现在：第一，该区人口从 1980 年刚设区时的 2.97 万人增长到 2015 年末的 5.06 万人，几乎翻了一番。第二，该地区生产总值（当年价格）1990 年为 5861 万元，2016 年已达 497002 万元，26 年间共增长了 83.8 倍。2015 年人均地区生产总值达 79867 万元，位于当年重庆市 40 个区市县第一。第三，该区城镇化水平不断提高，到 2015 年城镇化率达 100%。第四，该区城市布局日益合理，城市道路网络已形成，以双路工业园区、龙滩子街道、通桥集镇、龙水湖、巴岳山旅游度假区为重点，以商贸新城区为中心的"三线五点一中心"城乡一体化的城市总体格局，城市工业、商贸、政治三大功能分区初具规模。

3. 汽车产业集群与双桥区城镇化进一步互动发展

原双桥区继续强化汽车产业主导地位，进一步加快产业结构优化调整步伐，着力培育特色专业市场，狠抓休闲旅游产业发展，全区经济社会实现重大跨越。"十二五"期间，原双桥区政府先后与市外经贸委、市交委、市科委、市卫生局、中国汽研院、市科研院、重庆大学、重庆理工大学、重庆电信公司等单位以及温州、湖州、绍兴等地区建立了战略合作关系，发起成立了全市商用车产业技术创新战略联盟。相继成立、恢复农商行、农行为独立一级支行，成立启帆小额贷款公司，全区金融生态环境建设取得明显成效。招商引资实现重大突破，引进了汽车轮胎、精密铸造、特色专业市场等一批带动性强、关联度高、发展前景好的大企业、大产业。"十二五"期间，全区共引进产业项目 74 个，协议总投资 246 亿元。

城市管理体制逐步理顺，城市空间布局和功能分区也更加科学合理。一批城市功能要件建成并发挥效用。供水企业完成扩能升级，城市电网、家庭智能电表完成改造，城镇供水、供电普及率分别达 90%、95%。垃圾中转收运系统、污水管网实现全覆盖，污水处理厂、垃圾填埋场等一批基础设施建成投入使用，全区城市生活污水集中处理率达到 80%，城市生活垃圾无害化处置率达到100%。"畅通双桥"成效显著。"十二五"期间，共投入资金5.6亿元，建成西湖大道、天星大道、巴岳大道、双钱大道等城市主次干道28千米，构建起两纵两横的"井"字型道路主骨架。大邮路对外通道完成改造升级，公路收费顺利取消。"森林双桥"取得阶段性成果，全区森林覆盖率达到43%，城市绿地率达到46%，人均公共绿地面积达到30.7平方米，城区空气质量优良天数达到348天，位居全市前列。

围绕"现代工贸城市"建设，大力培育特色产业集群。一是以"做大总量、提升质量、优化结构"为主线，着力打造先进制造业基地。全力壮大汽车产业集群，加快"让老基地焕发青春"步伐，狠抓技术创新，注重节能减排，积极推广清洁能源，加强资源综合利用，大力发展循环经济。二是以"立足渝西、融合周边、辐射西南"为目标，着力打造商贸物流高地。加快物流基础设施建设，构建物流网络体系，促进金属材料、机电设备、汽配仓储、纸品交易等一批专业市场建成并投入营运，引进和培育一批规模化、专业化的物流群体和物流企业。加大对区内现有传统运输企业的整合改造，大力发展第三方、第四方独立物流。加快物流企业的信息化建设，建立电子商务系统，形成传统产业与电子商务相结合的物流新模式。大力提升商贸零售业档次和品质，优化金融生态环境，加快发展文化娱乐、教育培训、体育健身、卫生保健、会计、咨询、法律等现代服务业。三是以"风情双桥，乐活车城"为理念，努力打造休闲旅游胜地。充分发挥山水城融于一体的独特旅游资源优势，全面推进"三大花园"建设，力争建成A级景区4～6个，星级酒店5～7家，全区休闲旅游、观光度假、商务会展、运动体验、健康养生、餐饮娱乐等休闲服务业得到迅猛发展，旅游产业增加值占全区生产总值的比重达到5%，成为全区的支柱产业之一。四是以"融合互动、引领发展"为核心，努力打造高度信息化的"数字双桥"。推动信息化和工业化深度融合，加快经济社会各领域信息化。优化信息网络，建设以光缆接入为主的干线传输网，实现光纤入户、无线网络全覆盖，城乡居民实现高品质免费上网。加快电子政务、城市管理、医疗服务、科技教育、招商引资、仓储物流等公共信息系统提档升级，引导企业进行信息化改造和升级，积极推进传统电话网、互联网和有线电视网融合。推进物联网技术的研发与应用，推行智能交通建设。五是以"扩大开放、加强合作"为抓手，努力打造渝西开放高地。紧紧抓住重庆建设沿江承接产业转移示范区的机遇，加快承接沿海发达地区和中国台湾、欧美等地的先进产业转移。围绕产业发展方向，强化产业链和产业集群招商。以产业链条延伸和分工合作为纽带，积极探索通过异地建园、委托管理等灵活多样的方式建设产业经济带。积极推进与主城的对接。全面营造开放包容的投资环境。

围绕"特色精品城市"建设，着力提升城市功能品质。一是优化区域空间布局。提升全域城市化水平，以双桥老城区为基础向周边拓展，形成三大城市功能板块。在城市核心区为基础的中心城区，重点发展都市经济和高端服务；在环绕中心城区的龙水湖、巴岳山、鲜花港等生态区域，重点发展生态旅游服务业；在大邮路沿线区域，重点发展工业和物流产业，为全区跨越发展提供有力的产业支撑。二是完善城市功能。抓好成渝复线高速、广渝泸高速、西三环高速等干线连接通道建设，建立绕城环线，完善"四纵四横"城区骨干道路网，提升全域公交一体化示范水平。积极推动成渝高铁、重庆环线铁路邮亭至双桥段加快建设，建立现代综合交通运输体系。加快供水、供电、供气等基础设施及配套管网建设，规划新建一批农产品综合超市和停车场、公厕、垃圾站等配套设施，进一步提高城市的公共服务能力。三是提升城市品质。强化城市景观风貌建设，注重城市美学营造，加快城市色彩、灯光、景观、生态等方面的专项设计，使城市风貌与山水环境和谐共生。强力推进旧城改造。精心打造"一核三园"。大力实施"绿化、亮化、香化、美化"工程，抓好城市道路绿化，推进亲水走廊、城市公园、广场、绿地等公共空间建设，打造一批建筑雕塑、园林小品、生态景观设施和地标建筑，形成开阔靓丽、特色鲜明、独具韵味的城市风景线，努力建设花园城市。四是提高城市综合管理水平。注重城市发展空间管理，加强土地储备，高效集约节约利用土地资源。推进"数字化城管"建设，探索联合执法体制，逐步形成城市管理长效机制。

党的十八大报告进一步提出了加快城乡统筹和小城镇建设的目标，在全面建设小康社会经济目标的相关章节中指出：工业化、城镇化、信息化和农业现代化，是我国实现全面建设小康社会的载体。另外还指出在城镇化进程中要强调区域协调统一发展，关注可持续发展和结构性问题。国家从政策方面对新型城镇化的进一步重视预示着新型城镇化建设是我国未来发展的重点。

世界银行在总报告中对中国城镇化作了专题报告："中国推进高效、包容、可持续的城镇化。"指出可持续的城镇化是指一定要有环境和自然资源的支撑，而且能够提供达到人民愿景的城市生活质量。要实现可持续的城镇化需要改善城市环境、平衡用地用水矛盾、节约自然资源。中国正在开始新一轮城镇化，在经济发展的新阶段，有效利用资源比单纯的资源动员更加重要。

《国家新型城镇化规划（2014—2020年）》第五篇中提到要通过发展重点小城镇来实现就地城镇化，提高城市可持续发展能力。在重点发展小城镇时，要做到数量的控制，质量的提高，同时要突出小城镇的特色。第一，发展大城市周边的重点镇，可以充分发挥大城市的中心辐射作用，带动周边小城镇的发展；第二，通过政府引导、市场运作，发展具有特色的小城镇；第三，发展远离中心城市的小城镇、郊区等，对于这批小城镇，首先要做的工作就是完善基础设施和公共服务，将这批小城镇发展成为服务农村、带动周边的综合性小城镇。通过以上三种路径，达到吸纳人口、提高经济实力的效果，实现就地城镇化。

成渝城市群处在"一带一路"和长江经济带"Y"字形大通道的连接点上，主要任务包括：一是建设绿色城市；二是有序承接产业转移，向第二、三产业转型；三是扩大开放程度；四是建立协同发展机制，鼓励农民就地创业，就业促进人口市民化；五是统筹城乡发展，加快脱贫攻坚和民生改善。可见引导就地城镇化已上升到了国家战略层面。

第三节 促进重庆市产业集群与城镇化互动发展的政策建议

重庆市产业集群以产业演化为契机，不但促进了农村人口向第二、三产业转移；同时带动了城镇基础设施的建设、人文环境的改善和居民生活水平的提高。这是与城镇化发展的基本内涵和本质要求相一致的。因此，本文可得到一个基本结论：产业集群发展水平的提高对城镇化发展有显著的加速作用，对当前重庆市促进城镇化发展提供了非常有理论与实践意义的参考。与此同时，通过对重庆市产业集群和城镇化互动发展之间关系及模式的探讨，得到以下一些政策启示：产业集群发展能提升城镇化的进程和建设质量。因此，对具有大农村大城市的重庆直辖市而言，其要实现城乡统筹发展的现实选择应当是产业集群与城镇化互动发展、相得益彰。产业集群的集聚效应不仅能促进劳动力的集中，而且更为重要的是能有效促进区域经济结构调整，加快区域特色产业的组织结构、产品结构、技术结构的优化和升级，从而直接带来区域经济的高增长和提升城镇化进程建设速度，为城乡统筹发展打下坚实的基础。产业集群发展能加强区域城镇之间的联动与协作。产业集群的扩散效应不仅能促进城镇之间的联动发展，而以政府推动为主导的重庆市产业集群与城镇化的互动发展模式所建立起来的各城镇之间的协作联系，会带动区域内众多城镇的产业经济发展上相互补长取短与协调，使区域内城镇之间的合作更加紧密、整合能力更加明显，并提高整个区域的产业竞争力，尤其是区域特色产业的竞争力，从而促进城镇化发展与全面进步。目前重庆市城镇化发展水平严重滞后于工业化、商业化发展水平，因此要实现城乡统筹发展的战略目标，完成城乡统筹发展实验区的各项任务，必须以产业集群式发展助推城镇化发展进程。为此，本文在借鉴其他省市通过产业集群促进城镇化发展的经验的基础上，根据重庆市的经济社会现实，提出如何促进重庆市产业集群与城镇化的互动发展的政策建议。

一、产业规划与城镇规划相结合，构建科学的区域发展规划体系

毫无疑问，重庆市城镇化进程的发展速度要赶上其工业化与商业化的发展速度，以产业集群式发展促进城镇化发展进程是最为重要的战略选择，而这要求先推行区域经济发展规划。近年来，重庆市一些区域经济发展呈现出由地方独立发展向区域经济相互协作发展转变的新特点，地方政府对区域的划分不再采取行政区域划分的方法了，而是采取以经济区划作为划分策略，区域的产业定位逐步趋向于以区域特色优势为依托、按比较利益优势来确定本地的产业定位，通过不断消除区域之间的壁垒，以区域经济的整体发展为目标，在更大范围内优化资源配置、调整产业布局。因此，城镇规划必须要立足区域经济整体发展，以产业规划与城镇规划相结合为基础，注重"城镇功能"与"产业功能"的相得益彰，《中共中央国务院关于促进小城镇健康发展的若干意见》中提出小城镇建设的指导原则，即坚持小城镇发展要与乡镇企业、市场建设"三位一体"。以建设与发展阶段相适应的新型城镇、城市为目标，对各个小城镇进行功能定位，综合考虑城镇发展吸纳人口的能力，形成"中心城（县城）—经济强镇—普通乡镇"的梯次结构。城镇建设总体规划必须包括产业集群发展平台建设的规划，规划以发展产业集群作为城镇发展规划的核心内容，以提升区域产业竞争力为最终目的，构建科学的区域发展规划体系。

重庆市区域面积大、区域经济发展不平衡。城镇数量多，但规模小，对周围农村的辐射和带动力不足，制约该区域经济的发展速度和发展质量，也制约着农村城镇化的发展进程。因此，区域发展规划体系的构建应遵循集群经济发展的规律，突破区县城镇地理的界限和狭隘的地方保护主义，促进区域产业相互整合。可采纳"撤乡并镇、村镇合并、镇镇合并、区区合并"等等整合方式，把产业发展条件相对较好的城镇培育成区域经济增长极，以该城镇具有竞争力产业的集聚效应和扩散效应带动区域内各城镇的经济发展。同时，在建立和扩大工业园区的规模时，应注意防止追求园区内企业数量多或单纯规模大，应注重吸收在产业链上存在着相互内在联系，具有整合、协

同效应的企业，支持在城镇工业园区或经济开发区内建立技术创新中心、生产力促进中心、行业协会等中介服务组织，引导产业链上相互联系的企业打造专业、集中的城镇生产和配套设施，从而充分利用城镇基础设施、生产配套能力和社会化服务体系，促进劳动力、资金、信息、物流、技术的集聚效应发挥。

二、完善区域创新体系，促进产业集群与城镇化互动发展

完善区域创新体系，通过优化整合诸如技术、管理及市场等资源，在发展中提升产业集群的创新能力和城市的综合竞争力，以促进产业集群与城镇化互动发展，具体包括：

完善区域技术创新体系。通过采取切实有效的相应措施，构建或完善技术研发体系，优化整合区域科技资源，以提高技术研发及高科技成果转化的能力。依托城市尤其是大城市技术创新资源优势，重点抓好产、学、研、官的交流与合作，构建高新技术研发平台，加强高新技术在新兴产业中的应用，改造传统产业，进一步优化产业结构，以促使产业的技术升级，提升产业综合竞争力。与此同时，要建立并优化产业孵化器网络，不断完善自主创新服务体系，通过成果或专利的转让，为产业集群的健康快速发展提供强有力的技术保障。

构建产业组织创新体系。产业组织创新主要在于根据重庆市目前现有的特色产业及其未来的产业规划，优化整合信息资源、人力资源、组织资源和科技资源等生产要素，把比较松散无序的产业组织整合成产业集群，并进一步加强专业化分工，扩大产业规模，优化产业结构，努力培育具有竞争优势的产业集群，建立先进的诸如汽车、微电子等制造业基地。

建立产业结构创新体系。产业结构演进及经济增长与城镇化进程具有内在的联系。产业结构的演进将促使区域经济增长和城镇化发展，区域经济的增长和城镇化发展反过来又会促进产业结构的加速演进。根据产业关联技术经济的客观比例关系优化调整不协调的产业结构，通过创新，使各产业间相互促进发展，提高产业结构合理化水平。

完善管理创新体系。制定科学合理产业政策的基础是持续的管理创新。从根本上改变传统经济发展方式，需要从政策、制度、市场、模式、方式、文化理念等方面进行管理创新，以完善其创新体系。充分发挥市场机制以优化配置资源，建立或完善相应的价格机制、用人机制和分配机制，制定或完善鼓励技术知识成果商品化、产业化的政策，制定或完善建立工业园区、商业中心区、专业孵化器、企业孵化器等政策。

三、因地制宜，打造具有区域特色竞争力的产业集群以提升城镇化质量水平

重庆政府所划分的"一圈两翼"体现了重庆直辖市的区域差异基本现实。因此，产业集群的培育和壮大要因地制宜，应培育与城镇经济相一致的具有比较优势、能充分挖掘和利用本地的资源、人才、技术、资金等比较优势，且在区域经济长期发展中形成的成熟的特色产业集群，通过把特色产业群做大做强，积极延伸产业链，形成特色区域品牌，充分发挥区域品牌效应，更好地发挥特色产业群的聚集效应，促进更多的相关生产要素向城镇区域集聚，为城镇化发展提供持久的动力。应充分利用本地资源，以已有一定基础或基本成型的产业为基础，积极引进资金、技术、原材料等生产要素，提高产业发展水平，扩大产业规模，努力做大做强产业集群。同时，不断开发下游产品，把资源优势转化成产业优势，把产业优势转化成产品优势。更为重要的是，以集群式发展做大做强的特色产业要以支柱性龙头企业作为为核心，通过合适的优惠措施或政策全力扶持和培育龙头企业，使之发展壮大，成为整个特色产业集群里的核心增长极，从而带动相关联产业群的发展，或者衍生出新的产业集群，形成一个完整的产业链，通过产业链的市场实力不断增强城镇的竞争力和创新能力。

四、改善产业聚集园区配套基础设施和提供优质公共服务，为城镇化持续发展提供保障

东部沿海经济发达省、市的发展实践证明，区域特色产业集群发展壮大与否，密切关系到城镇化进程的速度与后期的持续发展。凡是产业集群发展得比较好的区域，其规模经济优势就能够很好地发挥，从而大大降低产业聚集区内单个企业的平均成本，进而对该区域的城镇化进程就显示出强大而有效的推进动力，因此，重庆政府可以考虑为产业集群提供优质的公共产品与服务，改善小城镇的村镇企业集聚条件。包括：产业内市场需求专业市场体系和市场基础设施建设、现代化交通体系、社会化物流服务体系和园区、信息化基础设施和电子商务平台的建设、吸引优秀优质知识分子的良好生活设施、社会化专业人才招聘、培训和流动服务体系、产业集群内的自主科技创新体系和新产品实验和试制工程中心。同时，重庆市政府可在区、市、县重点城镇建设诸如经济开发区、特色工业园区或特色专业市场等产业聚集区域，完善信息通信、水电、交通、环保等配套性公共基础服务设施，提高相关政府职能部门的服务品质，保证对进驻产业聚集园区的企业一致享有优质的公

共服务，使这些企业专注于其企业自身的运营。对于落户产业聚集园区的相关联企业，可通过政府相关职能部门的牵线搭桥和联络，强化企业间的配套协作或进一步整合，在产业聚集园区内的企业实现生产资源、市场信息的共享；也可通过构建产业聚集园区内企业发展沙龙或产业发展论坛，这些可以帮助聚集园区内企业共同打造产品研发平台、共享科技进步成果，共同分析产业前景等。这样，产业集群发展了，城镇化进程的速度与后期的持续发展就得到了保障。

五、打造优良政务环境，优化政府在产业集群与城镇化互动发展中的主导作用

毫无疑问，健全的市场机制在产业集群发展和城镇化进程中发挥着基础性的调节作用，尤其是在企业家选址、劳动力集聚和市场集聚方面发挥基础作用。但是，产业集群的建立和进一步发展，不仅离不开市场机制的调节和内在驱动，而且还需要良好的市场环境和创业环境来孵化，尤为重要的是特别需要充分发挥政府在产业集群发展中的主导作用。同样，城镇化建设的科学规划和有序推进以及后期的持续发展也离不开政府的引导和必要的干预。一方面，城镇化中基础设施建设的规划、产业的布局、资源的配置等均需要政府做出科学合理的长远规划。

另一方面，需要政府牵头启动产业集群与城镇化发展所需要的基础性设施的建设，也需要政府精心营造优良政务环境。重庆大多区县的产业集群在形成初期多是地理空间上的集中，或者是同一产业链上相关联企业的简单"堆积"，这样导致了区县内或区县间的企业在相同产业链上进行着普遍的恶性竞争甚至是重复建设现象。因此，重庆市和各区、市、县政府应该在城镇化发展和产业集聚进程中积极发挥引导作用，比如通过"特色产业园区""特色工业园区"和"专业市场"等的途径，降低集群内单个企业的运营成本；同时，通过技术创新和招商引资来拓展和延伸产业链，将产业领域做宽、产业集群做大。当某一产业在不同区县内呈现集群式发展时，区、市、县之间就会出现垂直分工与水平分工的市场态势，这是一个非常关键的时刻，如果政府没有引导好、或处理得不恰当，就会导致这些产业链上的企业因产能过剩陷入相互间恶性竞争。因此，重庆市和各区、市、县地方政府应积极协调，在市政府的主导下、以整体经济利益为重，在全市甚至更大区域范围内引导企业合理配置资源，整合和重组产业链，充分发挥出产业集群自身独具的集聚优势和扩散效应。因此，重庆各级政府应优化其在产业集群与城镇化互动发展中的主导作用。

但政府在促进产业集群发展中不能参与过多、过深，也不能扮演所有角色。

当务之急，政府需要遵循市场规律，建立有利于产业集群迅速发展壮大的政务环境（重点是改善优势区位和投资环境、资本集聚、人才集聚和技术创新集聚的条件）和健全的服务体系，比如：健全中介服务体系（包括提供专业化教育培训、金融、市场信息和技术研究支持的政府和其他机构的服务）、健全要素供给服务体系和健全的社会信用体系，以促进产业集群与城镇的快速发展，为城镇经济的可持续发展打下坚实的基础，促进政府主导型产业集群推动城镇化的健康发展。

第三章 新时代背景下重庆市城镇化与房地产业协调发展研究

第一节 城镇化对房地产业的推动作用分析

前世界银行首席经济学家、诺贝尔经济学奖获得者斯蒂格利茨2000年曾说过:"21世纪影响人类社会进程最重要的两件事情:一是中国的城市化,二是美国的新技术革命。"

一、城镇化对房地产产品消费的影响

(一)新增城镇人口对房地产产品需求的影响

城镇化进程中最明显的现象就是大量农村人口涌入城市,并逐渐在城市定居,这些新增人口必然会产生对房地产产品尤其是住宅产品的大量需求。

一般情况下,由于新增城市人口经济能力有限,对住房的需求以租赁和购买二手房为主,这样必将带动房地产三级市场的发展。房地产三级市场的蓬勃发展,将会带动有经济实力的家庭投资房地产,从而同样刺激了房地产产品的消费。

由此可见,城镇化带来的大量新增人口,必然会在很大程度上增加对房地产产品的消费,拉动房地产市场发展。

(二)生活水平的提高对房地产产品消费的影响

随着城镇化进程的推进和经济的快速发展,居民收入水平不断提高。根据马斯洛需求理论,当满足了生存的需要之后,人们就会追求社交、尊敬乃至自我实现的高层次需要。收入水平的提高,使得人们迫切希望改善生活水平、提高生活档次,对居住条件也就提出了更高的要求。居住条件的改善可分为两方面,一是人均居住面积的增加,二是住房档次的提高。

由于重庆市常住人口众多，每年城市居民为增加居住面积而形成的住房消费需求是非常巨大的。例如2001年末，重庆市城区居民人均住房建筑面积20.77平方米，到2011年底，人均住房建筑面积达到32.17平方米。到2017年，这一数字将达到34平方米，基本达到小康水平。按照2012年全市居住在城镇的人口1678.11万计算，短短5年时间仅住宅一项就新增面积2349万平方米，而且这一类需求会伴随城市人口的增多和收入水平的提高而逐渐增加，这将给房地产业带来巨大的发展空间。

其次，随着收入水平的提高，部分城市居民对住房档次的要求也随之提高，迫切需要高品质的住宅来满足其高档的生活需求和彰显其社会地位。于是，带动了对高端住宅如大平层、花园洋房、别墅等产品的需求，增加了对住房市场的消费。

（三）城镇化带来的流动人口增加对房地产产品的消费

随着城镇化进程的推进，城市对非城镇居民的吸引力与日俱增，大批农民工以及其他务工人员进入城市。这些人，一部分可能定居在某一城市，但是绝大多数流动性比较强，形成了所谓的流动人口。这些流动人口也带来了对房地产市场的需求。随着重庆市经济的飞速发展和城市化步伐的加快，流动人口的规模不断增加，从2012年的1028万人增加到2016年的1155.06万人。这些流动人口由于经济实力较弱，主要以租赁住房为主，势必带动住房租赁市场的繁荣，增强投资者投资房产的信心，从而带动房地产产品的需求。

（四）城镇化带动的产业结构调整推动产业地产和商业地产的发展

随着城镇化的快速发展，城市产业结构也随之调整，传统工业逐渐衰退，新兴产业如金融、IT、通信等逐渐发展并受到重视。第三产业的发展，带动了对写字楼、商业营业用房、商业街市、物流仓储用房等的发展，增加了对非住宅房地产产品的需求，拉动了商业地产和商务地产的发展。此外，随着产业集聚效应的增强和企业对办公环境要求的提高，需要产业配套齐全的、自然条件较好的、商务功能多样的、办公环境优美的办公场所，催生了一批自然条件优越、交通便利的产业新城如微电子园、总部园、物流园等，带动了产业地产的发展。

（五）城镇化进程催生的现代生活方式带动非住宅类房地产流动性消费需求

随着经济发展水平不断提高，居民收入水平和生活条件逐渐改善，居民的消费结构和消费层次也随之发生变化，对文化、娱乐、休闲、健身、旅游等的需求逐渐增加，推动了向现代生活方式的转变，带动了季节性、度假性、公共性物业设施如旅游地产、酒店、休闲会所、度假村等非住宅类房地产消费需求的增加。

（六）城镇化进程引致的旧城改造增加对房地产产品的需求

伴随着城镇化进程的推进，城市中心的老旧建筑已经不能满足居民的生产、生活和居住的需要，迫切需要进行旧城改造。而旧城区的房屋拆迁改造，也会催生拆迁户的大量住房需求，增加对房地产产品的消费，拉动房地产市场的发展。

二、城镇化对房地产用地规模和用地结构的影响

（一）城镇化扩大了房地产业用地规模

从西方发达国家的发展历程来看，房地产业是伴随着工业化和城镇化的进程而逐渐发展起来的。城市最明显的特征就是集聚性，即人口、产业和资源等要素向城市集中，导致城市用地面积不断扩大。随着重庆市城镇化快速推进，城市空间不断扩展，用地面积日益扩张，土地用途也在发生着改变，这给房地产业提供了广阔的发展空间。

从2001年以来，除个别年份受国家宏观经济和调控政策影响略有下降外，随着城镇化进程的推进，重庆市房地产用地规模逐年增大。2016年房屋新开工面积达到历史最高，为6824.36万平方米，在2017年全国新开工面积普降的情况下，仍然达到5813.48万平方米，远低于一线城市平均下降水平。

（二）城镇化优化了房地产业用地结构

由于区位性以及地租地价规律的作用，城市土地利用结构的变化表现得尤为明显。这主要是因为城市化进程必然伴随产业结构的升级调整，而产业结构的升级调整就是新的、附加值高的产业代替旧的、附加值低的产业，以及产业在数量和结构上的变化。所以产业结构的升级调整必然带动城市土地利用结构的调整，从而优化房地产业用地结构。城市土地利用结构就是城市产业结构在空间上的表现形式。

长期以来，我国城市建设遵循的是"重生产轻生活"的方针，片面强调城市的生产功能，忽视城市的其他功能和服务，导致城市土地利用结构非常不合理。改革开放后特别是近几年来，随着第三产业快速发展，城市土地利用结构得到了优化，有了很大的改善，但是由于根基已深，目前我国城市工业用地的比例还是较高。

随着城镇化进程的推进，第一、二产业产值比重逐步降低，第三产业不断发展，产值比重逐步上升，必将打破传统的城市房地产开发模式。首先，产业结构的升级调整使得城市原来简单的形态结构变得越来越复杂。城市传统工业发展缓慢并逐步衰退，以 IT、通信、金融、生物制药等为代表的新兴产业逐渐受到重视，并逐步取代其统治地位。新兴产业具有不同的用地需求，这必将导致商务办公楼、标准厂房、物流用地等用地类型的增加，改变城市用地结构。其次，随着通信技术的发达以及信息网络的建设，形成了以互联网为基础的信息社会，再加上便捷交通体系的打造，使得城市形态发生了很大改变，必将促进城市土地用地结构的改善。比如，通过信息技术和便捷的交通，可以将生产部门放在城市外围，而将办公地点放在商务配套齐全的商业中心，从而避免生产对居住环境的干扰。

同时，城镇化进程推进导致的人口大量聚集，也必然会带来居住用地、道路广场用地、公共设施用地以及市政公用设施用地面积的增加，丰富城市土地利用结构。由此可见，城镇化进程对房地产用地结构提出了新的要求，优化了房地产用地结构以适应城市发展的需要，推动城市房地产业的良性发展。

三、城镇化对房地产空间结构和产品结构的影响

（一）城镇化促进城市土地空间的有效利用

城镇化产生的集聚效应，使得人口、产业、经济等要素向城市空间聚集，造成对城市房地产的大量需求。由于城市土地面积的稀缺性和有限性，必须有效利用城市的土地面积，扩大城市活动空间。城市土地空间的利用可以分为立体空间利用和横向空间利用。

1. 城市土地立体空间的利用

根据西方发达国家的经验，随着城市化的深入，必须立体利用城市土地空间，扩大城市土地利用的广度和深度，来满足城镇化发展所带来的土地需求。研究表明，人类对城市土地空间的开发利用大致经历了三个阶段：平面—高空和浅层地下空间—深层地下空间。

随着城市化进程的深入，城市人口急剧膨胀，土地、能源、水资源和环境等问题日益凸显，迫切需要找到一条适宜高度城市化地区的土地立体利用集约机制。根据西方发达国家的经验和我国经济发达城市的探索，城市地下深层空间是城市土地集约利用的一种有效方式。在北美、西欧及日本，出现了相当数量的大型地下公共建筑，如公共图书馆、会议中心、展览中心、音乐厅、体育馆、大型实验室等文教体育设施，这些地下设施无论在防空、环

境、消防等方面都达到甚至超过了标准水平。

在国内,深圳福田中心区已成为深圳市未来地下空间开发的重点区域。目前福田区交通枢纽、福田区地铁站点、华强北地下商场、中心区地下商城等区域,已经初步实现了土地立体开发利用,效果良好。未来,在辖区土地立体空间数据库和土地立体开发利用管理办法的支撑下,地下快速交通、地下商业办公场所、地下垃圾与污水处理、地下电站、地下轨道车辆段等新兴土地立体集约利用方式,将大面积推广,极大提高福田区的土地节约集约利用水平。

此外,城市立体空间开发利用也是土地集约利用的一种方式,新加坡是这方面的典范。新加坡国土面积700平方千米但有600万人,按照有效的土地来看,平均1平方千米将近居住1万人,还有大量的绿地公园。而北京每平方千米才居住3000人。按照北京万通地产冯仑"立体城市"的规划:在大约1平方千米的土地上,打造一个建筑面积600万至1000万平方米,可容纳15万至20万人的高密度建筑群,建筑的设计高度可达400米。一栋建筑包含多种功能,涉及多种用地:医疗用地,办公用地,商业用地,教育用地,等等。通过产业带动就业、就业带动商业、商业带动城市居住和繁荣,从而实现立体城市的内部平衡。目前,立体城市已经落地成都双流县和西咸新区秦汉新城渭北地区,项目尚在规划设计之中。立体城市的实施将挑战当下中国千篇一律的城市化模式,也是未来中国城市建设模式的有益尝试。

2. 城市土地的横向空间利用

根据缪尔达尔(1957)的极化扩散原理,城市在发展到一定程度后,市场力量使得城市向郊区扩散,并逐渐形成新的核心区。城市化进程扩大了城市建成区面积,使郊区也拥有便利的交通和相对完善的配套设施,从而吸引部分住宅、办公、生产等功能,带动郊区房地产业的发展。这主要体现在三个方面:

首先,随着城市便捷交通体系的打造、郊区商务、生活配套的逐步齐全以及市中心生态环境的恶化和商务成本的上升,那些需要良好的办公环境以提高工作质量的高科技或智力密集型产业倾向于选择自然条件较好、绿化率高、市政配套逐步完善的郊区办公,从而出现了产业新城,带动郊区房地产业的发展,使城市房地产业从市中心走向城市外围。

其次,随着城市化进程的推进,城市产业结构不断升级调整,城市必将采取"退二进三""腾笼换鸟"的产业发展方针。再加上地租地价规律的作用,城市中心的商务办公成本随之上升,那些附加值低的产业或部门将无法承担高昂的成本,而选择外移到商务办公成本较低的城市郊区。于是,生产、物流、仓储等产业或部门迁移到城市郊区，带动郊区房地产业的发展。

最后，随着城市化的发展，城市中心房价因为地价而水涨船高。对于那些经济条件有限但又想购买住宅的居民来说，去郊区购买住宅是一个相对较好的选择。

（二）城镇化加快房地产业产品结构的升级

伴随城镇化进程的深入，城市产业结构也随之升级调整，体现在房地产市场上就是房地产业产品结构的升级调整。

目前，我国城市的产业发展战略主要有"二三一"和"三二一"两种。当一个城市采取"二三一"的产业发展战略时，即把第二产业当作城市经济发展的主要动力，城市的房地产业就会以工业园区和配套住宅建设为主。这类城市的典型代表就是苏州。当一个城市采取"三二一"的产业发展战略时，城市的经济发展就会以第三产业为主，必定催生对办公楼、酒店、商业营业用房、仓库等的大量需求。这类城市的典型代表是深圳。

随着城镇化进程的推进、城市经济的发展以及城市产业结构的升级，传统的简单的居住、办公、厂房已经不能满足人们的生产、生活、办公需求，必将催生对商务办公楼、酒店、商业营业用房、工业用房、物流仓储等巨大的需求。城市化使得房地产业不仅仅是传统意义上的住宅房地产开发，城市化带来的产业结构升级推动房地产业产品结构升级。城市化的推进扩展了房地产业的舞台，促使房地产开发商根据产业结构的升级调整改变房地产业的产品结构，丰富产品类型，促进产品结构升级。

四、城镇化促进房地产业产业结构调整

城镇化的快速发展，带动了城市第三产业的发展，对相应房地产产品的需求也随之增加。由于城市土地资源的有限性以及地租地价规律的作用，租金支付能力低的产业部门逐渐由城市迁移到郊区，城市中心的商务办公、文化休闲、居住逐渐取代工业生产，促进了房地产业结构调整。

一方面，随着第三产业的发展，城市迫切需要扩大办公、商业、住宅等功能用地的使用面积，来满足人口增加和产业发展所需要的办公、消费、居住需求。另一方面，原来处于城市中心区的、对城市地理位置和商务氛围依赖度低的工业部门，基于城市高昂的地价和商务成本，必然会将企业迁移到商务成本较低的郊区。这样，原来用于工业生产的土地被用来开发城市发展需要的商务办公、商业、住宅、文化娱乐等项目。于是，商业地产、住宅、产业地产等都得到发展。此外，随着人们收入水平的提高，对文化、旅游、

休闲、养生等方面的需求增加，带动了文化地产和旅游地产等的发展。因此，在城镇化和产业结构调整的双重推动下，房地产业由工业地产、住宅地产，发展到产业地产、商业地产，再到文化地产、旅游地产等，产业结构全面发展，不断变化，最终促进房地产业结构调整并向更高的层次发展。

第二节 房地产业对城镇化的拉动作用分析

一、房地产业为城镇化营造良好的宏观经济环境

改革开放以来，随着城镇居民住房商品化改革的推进、城镇化进程的加快以及国家积极财政政策的实施，我国房地产业得到了飞速发展，对国民经济发展做出了重要贡献。

（一）房地产业拉动经济增长

自从1998年取消福利分房，全面实行住房商品化、货币化改革以来，我国房地产业进入了飞速发展阶段，在国民经济中支柱产业的地位逐渐加强，对固定资产投资，对经济增长的贡献也与日俱增。

作为社会固定资产投资额的重要组成部分，房地产开发投资额逐年攀升，占固定资产投资额的比重也逐年增加。

从2001～2017年，重庆市房地产开发投资额直线上升，从2001年的55.62亿元增长到2017年的2508.35亿元。但是，房地产开发投资占固定资产投资的比例，从2000年至2017年，一直保持在20%～27%之间，没有出现大起大落，房地产投资规模保持着合理的态势。如此稳定的投资比重，避免了房地产市场泡沫的出现，为经济持续快速增长打下坚实的基础。此外，房地产投资对固定资产投资的贡献率，也从2002年的23.66%回旋式上升至2017年的29.12%，除2013年和2014年外，其余年份都在20%以上，2016年达到52.57%，成为2001年后的最高值。较高的房地产投资贡献率成为拉动固定资产投资规模和速度增长的重要力量。在房地产投资和房地产业增加值逐年增加的同时，对经济增长的贡献率和拉动力也逐年上升。

房地产投资对经济增长贡献率从2001年的4.55%上升到了2017年的34.07%，达到有史以来的最高值。这一期间，受到国家经济和房地产调控的影响，房地产投资贡献率略有起伏，呈波动式上升。与此同时，房地产业增加值对经济增长的贡献率与房地产投资对经济增长贡献率的波动幅度基本一致，从2007年的4.6%波动式上升到2017年的6.23%。2014年由于受金融危

机影响，降至-0.43%，而2015年受国家经济刺激，房地产增加值对GDP的贡献率飙升至5.14%。

此外，房地产投资拉动经济增长的百分点从2001年的0.78上升到2017年的4.93，除个别年份外，保持在3～6之间。房地产增加值拉动经济增长的百分点也从2005年的0.68上升到2016年的1.64，基本维持在0.4～0.8之间。因此，从长远看，房地产投资额和房地产增加值对经济增长的作用是持续而稳定的，房地产业是拉动经济增长的重要动力。

（二）房地产业拉动相关产业的发展

1. 房地产业的高关联性

房地产业由于产业链条长、关联度高，在整个国民经济链条中处于中间环节，通过需求拉动和供给推动拉动相关产业的发展。房地产业对相关产业的效应可以分为后向关联效应、前向关联效应和环向关联效应。

后向关联效应：房地产业进行生产之前，有许多产业为其提供原材料、燃料和生产设备等而产生的关联效应，房地产业对这些产业产生需求拉动作用。根据定义可以得出：建材业、建筑业、建筑设备制造业和森林业等属于房地产业的后向关联产业，这些行业的产品和服务为房地产业的发展提供生产要素，房地产业拉动这些行业向前发展。

前向关联效应：房地产业进行生产之后，产品成为许多产业的原材料、燃料或生产设备，或者直接进入消费部门消费而产生的关联效应，房地产业对这些产业的发展产生供给推动作用。根据定义同样可以得出：装修、家具、家电和零售业等众多产业属于房地产业的前向关联产业，房地产业所提供的产品或服务是这些行业正常运转所必不可少的生产要素，房地产业推动着这些行业发展。

环向关联效应：房地产业与那些既向本产业提供生产要素，又将本产业产品或服务作为其生产要素的产业的关联，房地产业对该产业产生需求拉动和供给推动双向作用。这些行业的典型代表有：商业、金融业和服务业等。

2. 房地产业拉动相关产业发展

房地产业通过需求拉动和供给推动作用能够带动相关产业的发展。其中，房地产业的需求拉动作用可以通过影响力系数来衡量，而供给推动作用则可以通过感应度系数来衡量。影响力系数是指国民经济某部门增加一单位最终产品时，对国民经济各部门产生的需求波及程度，反映的是房地产业对其他产业部门的拉动作用，即产业部门的后向关联度。感应度系数是指当国民经济各部门都增加一个单位最终使用时，某一部门因此而受到的需求感应程度，即该部门为满足其他部门生产而提供的产出量,反映的是房地产业对其他产业部门的支撑作用,即产业部门的前向关联度。

根据《中国投入产出表》,42部门中的房地产业影响力系数为0.5068,小于1,表明房地产业的拉动作用低于社会平均影响水平。但是,建筑业影响力系数为1.1543,在国民经济42部门中处于第11位,表明建筑业的拉动作用强于社会平均影响水平。然而,房地产开发投资主要由建筑业完成,房地产业通过建筑业拉动相关产业发展,房屋工程建筑总产值占建筑业总产值60%左右。因此,房地产业的发展对国民经济具有非常明显的拉动作用。

同时,房地产业感应度系数为0.5182,在国民经济42部门中位于第29位,低于社会平均水平,高于1997年40部门房地产业感应度系数0.499。说明,随着房地产业和国民经济的发展,其他部门对于房地产业的产品需求增大,房地产业对国民经济的推动作用也随之增强。

从带动系数看,2016年我国房地产业对42关联产业的总带动效应为1.17006,表明房地产业每增加1单位产值,可以带动42个产业增加1.17006单位产值,其中:带动化学工业增加0.09365单位产值,居各产业之首。带动金融保险业增加0.07871单位产值,带动批发和零售贸易业增加0.07185单位产值,带动建筑业增加0.05265单位产值。

由此可见,房地产业通过其高关联性,间接拉动相关产业的发展,从而推动经济增长。

综合以上分析,房地产业通过直接和间接作用,拉动了经济的增长,为国民经济的持续健康发展贡献了重要力量。

(三)房地产业增加政府财政收入

房地产业对财政收入的贡献可以分为三类:

第一类是土地出让金。根据重庆市统计局数据,2016年房地产开发企业共向地方政府交纳土地出让金多达897.5亿元,占当年地方财政收入1703.49亿元的52.69%。根据全国工商联房地产商会调查资料显示,土地出让金占房地产开发企业总成本约40%,其中上海达52.8%、成都达45.1%、深圳达32.1%、西安达24.6%。土地出让金成为地方政府财政收入的主要源泉,出现众所周知的"土地财政"现象。

第二类是房地产开发企业上缴的税费。根据全国工商联房地产商会对9个城市27个项目的调查资料显示,除土地成本支出外,2014年我国房地产企业税收占项目开发总成本的26.06%,占总支出的19.06%,占总销售收入的14.21%。其中开发环节税收占到总支出的2.00%,销售环节税收占到总支出的17.06%。根据重庆市财政局的资料表明，2017年房地产开发企业缴纳的耕地占用税、土地增值税、城镇土地使用税、契税和房产税占税收收入的比重分别为5.4%、8.1%、3.2%、8.8%和6.2%，五项合计收入为307.6亿元，占税收总额的比重为31.7%。

第三类是房产投资者转让、持有和出租房产时缴纳的各种税费。在个人房产转让环节有契税3%～5%（买方缴纳）、个人所得税1%～3%（卖方缴纳）、5.6%营业税（卖方缴纳），相当于总房款的9.6%～13.6%，如若根据新"国五条"规定的房产税按差额缴纳20%，比重将上升。在个人房产出租环节，出租方需要缴纳营业税1.5%、个人所得税10%和房产税12%。在房产保有环节，房产所有者需要缴纳1.2%财产税和0.6～30元/平方米的城镇土地使用税。在重庆地区若拥有别墅、新购高档住房以及非户籍新购第二套及以上住房，需要缴纳0.5%～1.2%的房产税；在上海地区，上海户籍家庭第二套及以上住房和非户籍新购住房需缴纳0.4%～0.6%的房产税。

综合以上可以看出，房地产业不仅可以直接和间接拉动经济增长，而且还可以通过税费增加地方政府的财政收入。经济的增长为城市化奠定了良好的物质基础，而地方财政收入的增加推动了城市基础设施建设、城市旧城改造以及其他民生工程，提高了城市化的质量。

二、房地产业为城镇化提供大量就业机会

城镇化最明显的特征就是人口向城市集聚，但是简单的人口集聚并不是真正的城镇化，城镇化所带来的人口集聚应该是能够满足充分就业的人口集聚。房地产业凭借其国民经济支柱产业的地位以及高关联性的特征，直接和间接为社会提供了大量的就业岗位，解决了部分新增城市人口的就业问题，为城镇化持续健康发展提供了稳定的社会环境。

（一）房地产业直接提供就业机会

随着重庆市房地产业的飞速发展，房地产业直接吸纳就业的能力也逐步提高。重庆市房地产企业的从业人员数从2002年的2.25万人，增长到2017年的9.45万人，是2002年的4.2倍。房地产企业以其丰厚的薪酬和优越的办公环境，在就业市场上具有一定的竞争力。

除个别年份受国家宏观经济和调控政策影响略有下降外，房地产业吸纳就业的能力波动式上升，随着房地产业专业化程度的提高以及消费者对房地产服务的要求逐渐提高，房地产业将来会吸纳更多的从业人员，提供更多的就业机会。

（二）房地产业间接提供就业机会

房地产业由于具有高关联性，不仅带动相关产业的发展，更促使相关产业为社会提供大量的就业机会。具体可以分为后向关联产业带动就业、前向关联产业带动就业和环向关联产业带动就业。

（三）后向关联产业带动就业

根据前面的分析，房地产业的后向关联产业主要是建材业、建筑业、建筑设备制造业和金属冶炼等原材料型产业，这些产业需要的劳动力数量大、技术含量低，对加快我国农村剩余劳动力转移、促进城市化进程意义重大。重庆市 2017 年建筑业企业的从业人员数为 163.64 万人。而建筑业的从业人员大多为农民工，这就为农村剩余劳动力转移提供了有效的途径。

（四）前向关联产业带动就业

房地产业的前向关联产业主要是装修、家具、家电和零售业等服务型、生活消费型产业。在目前城市居民收入水平普遍提高的背景下，服务型产业具有广阔的发展空间，将继续吸纳劳动力，为社会提供就业岗位。

（五）环向关联产业带动就业

房地产业的环向关联产业主要是商业、金融业和家政家居等服务业，除金融业属于智力密集型产业外，其他产业均为劳动密集型产业，需要的劳动力数量大、技术水平低。随着房地产业的发展，这些行业必将继续发展，为社会提供大量的就业机会。

综上，房地产业的发展可以直接和间接拉动社会就业，不仅转移了社会剩余劳动力，更为城镇化的深入发展奠定基础。

三、房地产业为城镇化进程提供所需空间

（一）房地产业为城镇化进程中的新增人口提供居住场所

房地产业的新开工面积已经从 2002 年的 348.68 万平方米上升到 2017 年的 5813.48 万平方米，住宅新开工面积也从同期的 220.54 万平方米上升到 4345.14 万平方米，增长了 19.7 倍。住宅新开工面积的大量增加，为重庆市快速城镇化进程中涌入城市的大量人口提供了居住场所。同时，房地产业的发展活跃了二手房市场和租赁市场，为经济条件较弱的农民工和其他务工人群提供居所，满足了他们的基本生存需求，使其逐渐在城市定居下来，同时也减轻了大量务工人群涌入城市给社会经济带来的冲击和潜在的不稳定。

因此，房地产业的发展，部分解决了城镇化进程中的住房问题，使得城镇更有吸引力，促进了城镇化的发展进程。

（二）房地产业为城镇化的后续动力——第三产业的发展提供物质空间

随着城镇化进程的推进和第三产业的发展，城市对办公楼和商业营业用房的需求增加，出现了供销同步增长局面。

办公楼和商业营业用房的施工面积已经从2012年的228.33和1333.81万平方米上升到2017年的499.85和2028.90万平方米，竣工面积也从2012年的7.43和328.55万平方米上升到2017年30.37和282.23万平方米。与此同时，销售面积也一路攀升，从2012年的31.30和152.63万平方米增加到2017年62.30和221.89万平方米，与当年竣工面积基本持平。

由此可见，房地产业的发展带动了商业营业用房、办公楼、酒店等的全面发展，为商务、办公、文化、娱乐、休闲等提供了场所，给第三产业提供了物质载体，使得第三产业的快速发展成为可能。

（三）房地产业有效地拓展了城市空间

城市空间的有效拓展可以分为横向拓展和纵向拓展。其中，横向拓展即为城市建成区面积的有效扩大，纵向拓展即为城市立体空间的利用。

首先，在城市建设过程中，房地产业有效扩大了城市建成区面积。2017年房地产企业各类房屋新开工面积合计达到5813.48万平方米，是2001年各类房屋新开工面积348.68万平方米的16.67倍。除了城市道路、广场、公园以及各种市政配套等，各种类型的房地产产品也构成了城市新的建成区，扩大了城市建成区面积。这些处于新建成区的房地产产品可以有效容纳城市新增人口，部分缓解老城区住房紧张局面。

其次，随着城镇化的发展，人口、产业等各种资源集聚城市，对城镇的承载能力提出了更多的要求和考验。在这个过程中，房地产业逐渐探索城市立体空间，高层、超高层建筑随之出现并逐渐增加，在有限的土地资源内，有效地扩大了城市空间，加大了城镇承载力。

由此可见，房地产业的发展，扩大了城市建成区面积、拓展了城市立体空间，部分缓解了城镇住房压力，提高了城镇化水平和质量。

（四）房地产业提高城市基础设施建设的面积和水平

随着房地产业在城市郊区和新兴区域的发展，对城市道路、供水、供暖、供电、污水和垃圾处理、网络、电信等进行规划建设，带动了该区基础设施建设，提高了城市基础设施建设面积，为高速度发展的城镇化奠定了坚实的物质基础。

此外，居民收入水平提高和高档住宅的蓬勃发展，城镇居民对城市交通、园林绿化、电力电信、供水、供暖以及污水和垃圾处理等有了更高的要求，迫切要求政府提高基础设施建设水平，大大提高了城市的综合服务能力，为高质量的城市化打下了坚实的物质基础。

四、房地产业为城镇化建设提供资金支持

（一）房地产是现代社会财富的重要组成部分

房地产业是国民财富的重要组成部分，是构成社会财富的重要内容，对经济发展具有深远的影响。据统计，英国的房地产价值占该国财富的73.2%，房地产价值占全国固定资产总值的2/3。美国的不动产价值占其总财富的75%，住房约占美国家庭资产的30%。我国进行土地和住房制度改革后，房地产的价值也得以体现。根据清华大学中国金融研究中心的抽样调研结果表明，在中国家庭资产构成中，房地产占62.72%，已经成为我国居民家庭财富的重要组成部分。

（二）房地产业为城镇化积累建设资金

房地产业作为高附加值产业，为国家提供大量的资金，成为政府财政收入的重要来源。根据前面的分析，房地产业通过土地出让金、房地产开发企业上缴的税费以及房产投资者持有或出让房产时缴纳的各种税费三个方面为财政收入做出了重要贡献。

根据中国指数研究院的研究表明，2011～2017年，全国土地出让金从0.6万亿提高到3.3万亿，累计增长5.7倍，占地方财政收入的比值从不到40%上升到超过60%，成为地方政府财政收入的重要组成部分。其中，一线城市北京、上海、广州土地出让金占地方政府财政收入的比重在50%左右。同时，在房地产业链条中，从项目土地出让到房地产的开发、销售、转让、持有等环节涉及的税种的全部税收收入占地方政府税收收入总额的比重也不断提高，平均达到25%以上，成为目前地方税收收入的重要来源。

据重庆市财政局的资料表明，2017年房地产开发企业缴纳的耕地占用税、土地增值税、城镇土地使用税、契税和房产税占税收收入的比重分别为5.4%、8.1%、3.2%、8.8%和6.2%，五项合计收入为307.6亿元，占税收总额的比重为31.7%。

政府财政收入提高，就有更多的资金投入城市基础设施、城市公共设施

和城市公共交通系统建设等,从而提升城市的基础设施水平。对于城市化大局而言,房地产企业开发房地产项目也属于城市化建设的一部分,在房地产项目循环开发过程中,上一个项目的盈余资金将成为下一个项目建设资金的一部分,因此,可以说房地产业通过循环发展,不断为城市化积累建设资金。

(三)房地产业吸引外资作为城镇化建设资金,拓宽了招商引资平台

鉴于房地产业是一个资金密集型、投资周期长的产业,房地产开发企业对于一些优质项目往往能力有限,再加上最近几年国家对于房地产实施从紧的信贷政策,有能力的房地产企业迫于发展和资金压力纷纷转向国际金融市场融资,如海外上市、发行企业债、国际银行贷款等方式。同时,在中国房地产企业积极向外走的同时,国外著名的房地产开发企业和投资机构大都看好中国的发展潜力,积极投资中国的房地产市场。最典型的是新加坡发展商凯德集团,不仅与深国投商置、成都置信、河南建业等区域型房地产企业合作开发项目,更是独立开发、运营多个项目。目前凯德集团在中国的 42 个城市运营 120 余个项目,管理资产超过 2000 亿元人民币。截至 2017 年底,凯德置地的总资产为 345 亿新元,其中 39% 分布在中国。

此外,摩根斯坦利、黑石、荷兰 ING 集团、新加坡政府投资公司(GIC)等大型国际投资集团和投资银行也进入中国房地产市场。

由此可见,不论是国内房地产企业国际金融市场融资,还是国外房地产企业进军国内房地产市场,抑或是大型投资集团和投资银行的投资,都成为房地产业重要的资金来源,间接为我国的城镇化提供建设资金。

五、房地产业提高城镇化质量

(一)房地产业改善城市居民住房环境

房地产业的发展所带来的居住环境的改善可以分为四方面:人均居住面积的提高、居住档次的提升、居住环境的改善以及推动保障性住房建设。

第一,人均居住面积的提高。根据统计年鉴,重庆市人均居住建筑面积由 2006 年的 20.77 平方米提高到了 2017 年的 32.17 平方米,扩大了居民的生活空间。房地产业的快速发展,提高了城镇居民的人均住房面积,为城镇居民生活提供了更为宽广的空间。

第二,居住档次的提升。房地产业的发展丰富了房地产市场产品类型,为消费者提供大平层、花园洋房、别墅等高档次的住房产品,让高收入者有了丰富的选择空间,提升了居民的居住档次。

第三,居住环境的改善。房地产业的发展,改善了居住环境,使得房地

产产品越来越宜居。随着居民生活水平逐步提高，对住房的要求也越来越高，房地产企业开发的产品也变得越来越人性化，更加注重小区容积率、绿化率、景观等的规划设计，在小区的安全性、私密性以及超市、医院、学校、休闲运动场所等配套设施方面也日趋完善，从而为居民提供一个安全、舒适、健康的居住环境。

第四，推动保障性住房建设。房地产业的发展也推动了我国保障性住房的建设，为城镇低收入者提供居住场所。目前，我国保障性住房主要有廉租房、经济适用房和公租房。保障性住房的主要建设者是政府，但是现在政府在出让某些地块时，会要求房地产企业建设一定的保障房，部分缓解了政府建设保障房的资金压力。而经济适用房主要由房地产企业建设，然后限价销售。房地产企业可以运用企业发展过程中的资金、技术，为中低收入者建设价格低、质量好的住房。

由此可见，房地产业的发展，不仅提高了人均居住面积、提升了居住档次、改善了居住环境，也推动了保障房的建设，为城市中低收入者提供居住场所。房地产业的发展，满足了城镇化进程中的住房需求，改善了城镇居民的住房环境，使得城镇变得更有吸引力，推动了城镇化的快速发展。

（二）房地产业影响居民消费结构

投资、消费和出口是拉动经济增长的"三驾马车"，在投资增长乏力、出口受阻的情况下，消费由于能有效带动投资，成为拉动我国经济增长的重要动力。从1998年我国住房制度实行商品化改革以来，房地产业飞速发展，居民居住环境也得到有效改善，人均居住建筑面积从2006年的20.77平方米增加到2017年的32.17平米。

同时，伴随着居民收入水平的提高，消费档次也随之提升，城市居民的消费需求从基本的生存型向享受型转变，流动性消费大大增加。观光、旅游、文化体验、休闲娱乐进入居民的家庭消费预算，从而带动了酒店、度假区、展览馆等季节性、度假性、公共性物业设施的消费。

随着房地产业相关法律法规的完善以及相关金融制度的不断健全，人们的住房消费结构逐渐优化，房地产业促进社会消费结构合理化的作用也会日益显现出来。

（三）房地产业带动城市升级

房地产业的发展带动城市升级，提高城市档次，主要体现在四个方面：经济实力的提升、城市空间结构的拓展和外观的美化、城市规划的提升以及城市配套设施的完善。

第一,提升城市经济实力。根据前面的分析,房地产业由于强关联性,随着它的快速发展,必将带动城市第三产业的发展,推动城市产业结构升级调整,拉动城市经济发展。随着城市经济实力的提升,第三产业的发展,城市在国家经济方面的地位上升,从而在经济实力方面提升了城市的档次,提高城市的知名度和竞争力。

第二,拓展城市空间,美化城市外观。随着房地产业的发展和技术水平的提高,不仅促进城市空间结构的调整,也有效地拓展了城市空间结构,扩大了城市的承载能力,改善了城镇居住环境。此外,人口的集聚和房地产业的发展,也能够使得初期的小城镇逐渐向城市转变,扩大城市规模。同时,城市建筑的更新和规划设计水平的提高,美化了城市外观,使其具有观赏价值,提升了整个城市的观赏性。

第三,提升城市规划。通过对城市土地资源的合理规划和有效置换,改善了城镇的功能分区,使得生产、商业、居住等功能分区更为合理,既成为一体,又互不干扰。城市规划的提升,强化了城市功能,改善了城市的环境质量,促进城市升级。

第四,完善城市配套建设。随着房地产业的全面发展和居民生活水平的提高,涌现出很多旅游地产、商业地产、文化地产等,满足了人们旅游、购物、休闲、文化、娱乐等的多样性需求,完善了城市的配套,强化了城市的功能。同时,房地产业的发展必然要求城市水利、电力、通信、交通等相关基础设施配套,从而有效刺激政府的公共投资,带动城市基础设施的建设和完善。

综上,房地产业是城镇化发展的重要组成部分,是快速推进城镇化的重要动力,它不仅从外观上和结构上提升城市的档次,还从优化城市内部规划、完善城市配套设施等方面提高城市质量,带动城市升级。

第四章 新时代背景下重庆市城镇化与生态环境协调发展路径研究

第一节 重庆市城镇化与生态环境发展现状及协调发展评价

本文的研究是以新型城镇化理论、系统理论及可持续发展理论为理论基础，前文也对相关的理论进行了介绍。本节将在前文的基础上，进一步深入分析重庆市城镇化与生态环境的发展现状，并进一步研究二者的协调发展关系，借助于协调发展度模型，建立了重庆市城镇化与生态环境协调发展评价指标体系，并对重庆市城镇化与生态环境协调发展情况进行定量评价。

一、重庆市城镇化与生态环境发展现状

（一）重庆市城镇化发展现状

2006年以来，随着重庆市经济发展进入高速时期，其城镇发展也取得了丰硕的成果。人口方面，全市常住人口由2006年的2808万人增长至2017年的3075.16万人，12年增长率为9.5%，其中城镇人口增长了50%，由2006年的1311.29万人增长至2017年的1970.68万人，并且在2009年城镇人口就已经超越了农村人口，这一趋势还在继续向前发展；城镇化率方面，重庆市2006年的城镇化率为46.7%，2017年这一数据达到了64.08%；经济方面，重庆市2006～2017年12年间，GDP翻了三番多，由3907亿元增长至19500.27亿元，人均GDP也得到了较快的增长，全市常住人口人均地区生产总值达到63689元。

然而，虽然重庆市在社会经济各方面都取得了显著的成绩，但是就各单项指标的绝对值而言，与国内一线城市相比，仍处于较低水平。特别是城镇化率这一指标，与北京、上海平均城镇化率高达85%以上的一线城市相比较，

仍有较大差距。此外，重庆市城镇化率上升速度较为缓慢，而人均建成区面积则相对较快，整体而言，重庆市空间扩张速度快于人口增长速度，这也与重庆市长久以来作为一个人口输出大市息息相关，人口的大量流失，在一定程度上影响了常住人口的增长速度。

（二）重庆市生态环境发展现状

重庆市生态环境有着自己独有的特点，但随着重庆市社会经济的迅速发展，生态环境在一定程度上遭受了破坏。首先，重庆地域辽阔，资源丰富，重庆市是我国西南区域唯一一个直辖市，地处青藏高原与长江中下游过渡地带，市辖区面积达8.24万平方千米，森林资源、动植物资源、地热资源以及淡水资源储量巨大，截至2017年，重庆市森林覆盖率高达45.4%，自然保护区53个，其中国家级自然保护区6个。完成营造林面积582.78万亩。其次，重庆市地貌复杂，生态环境多样，重庆整体地势概况呈现自北部大巴山、东南部武陵山、南部大娄山等海拔较高山地区域逐步向长江河谷低海拔地带缓和，全市地形包括山地、河谷及丘陵，不同的地形孕育了不同的生态环境，重庆市地域的复杂性也决定了其生态环境的多样性。再次，重庆市生态敏感脆弱，环境问题不容忽视，重庆市拥有大面积的生态敏感区，特别是三峡库区，其面积将近6万平方千米，库区人口约占总人口的20%，城镇化的发展导致了大量的库区保护及移民工作，进一步增加了其生态环境压力，此外，生态的脆弱也导致了泥石流等自然灾害频繁发生，造成的直接经济损失也一直处于较高位。

当然，随着重庆市所面临的环境污染形势日益严峻，市政府开始对环境问题逐步重视，2013年，重庆市明确将渝东南、渝东北确立为重庆市重要的生态涵养区及保护区，这也为重庆市生态环境的发展提供了新的契机。

二、重庆市城镇化与生态环境协调发展评价

（一）评价指标体系的构建

1.评价指标的选择

（1）评价指标选取的原则

全面性原则，指标的选取不能片面强调城镇化或者生态环境的重要程度，所选取指标必须能够综合体现双方面的重要性，能充分表达出出城镇化的主要内涵以及生态环境的主要方面。

科学性原则，指标的选取必须遵循一定的方法，而不是人为主观地选取，

所选取指标必须能构成体系，并且能够清晰地表达出所研究区域城镇化与生态环境的发展情况。

数据可得性原则，城镇化与生态环境包含的指标较多，但有些指标的数据很难获取，在指标选取时必须要充分考虑到指标数据的可得与否，从而确保后续评价研究的顺利进行。

（2）评价指标选取的方法

评价指标选取的方法较多，如专家访谈法、文献分析法、头脑风暴法以及案例分析法，等等，不同方法有各自的特点以及不足。

通过上述对比分析，头脑风暴法需要集中大量的专家进行讨论，本文的研究并不具备相应的条件，此外，案例分析法适用于实践性较强且相关案例较多的研究，本文的研究偏向于理论研究，且相应的案例较少，而专家访谈法虽然可以对相关指标体系进行深入的剖析及完善，但所需时间较长，同时也存在主观性较大等弊病，因此这三种方法对于本文并不适用。文献分析法具有便捷高效的特点，且可以较为全面地总结前人的研究，从中汲取较好的研究方法及思路，因此，本指标体系的建立选择文献分析法。

2. 评价指标体系构建

通过重庆大学数字图书馆以"城镇化与生态环境协调发展"为关键词借助国内外学术文献数据库，搜集相关文献100余篇，最后将与本文研究内容相关性较差的文献予以剔除，同时，通过搜索引擎中的智能筛选，筛选出刊发期刊水平较高，且引用次数较多的文献。

（二）数据标准化及指标权值及评价标准的确定

1. 数据标准化

数据标准化是为了避免由于评价指标体系中指标间的单位不一致导致的不可比性，实质便是对指标的无量纲化处理。

2. 指标权值的确定

本文采用熵值法进行权值的确定，信息熵是一个重要数学概念，代表系统内混乱的程度。一个系统指标（即效益指标）效用值（即权重）越大，表示变化越快，系统越有序，信息熵就越低；反之同理，指标权重与信息熵构成一对反函数，因此可以根据熵值法计算出各指标的权重。

3. 协调发展度评价标准的确定

目前而言，对于城镇化与生态环境协调评价的研究较多，对于协调发展度评价标准的相关研究也相对成熟。从现有的研究成果来看，业内较为认可的几种用法包括：孜比布拉司马义等将协调度等级划分为"严重失调""勉强协调"和"优质协调"等共 3 个等级；卢虹虹将其划分为"极度失调""濒临失调"和"优质协调"等共 3 个等级；石晓枫等将其划分为"高度协调""基本协调""初步协调"和"不协调"4 个等级；侯培则根据协调发展度，将协调发展情况分为失调类、过度类以及协调发展三大类，并且在此基础上将协调发展等级分 12 小类。本文在结合前人相关研究的基础上，将协调度等级分为良好协调、中度协调、低度协调、中度失调、极度失调等 5 个等级。

（三）重庆市城镇化与生态环境协调发展评价

1. 数据来源

本文是针对重庆市城镇化与生态环境协调发展的研究，时间区间为 2006～2017 年，指标主要涉及城市经济及社会指标，以及生态环境发展指标。其主要来源包括：社会与经济类指标数据主要来源于重庆市统计信息网、《重庆市统计年鉴》、重庆市国民经济和社会发展公报等；生态环境类指标数据主要来源于重庆市环保局、《重庆市环境年鉴》以及重庆市环境状况公报等。

2. 重庆市城镇化与生态环境协调发展评价

在对相关指标数据进行收集整理完毕以及耦合模型及协调发展模型进行介绍之后，便可对重庆市城镇化以及生态环境的实际发展情况进行评价。

三、评价结果分析

（一）城镇化发展水平方面

2012 年以来，重庆市城镇化不断发展，特别是 2012～2017 年这 6 年，处于飞速发展时期，这也反映了重庆市在 6 年间所做出的努力，以及取得的成果。2017 年以后，城镇化发展水平持续上升，但是增长速度有所下降，开始处于城镇化发展的过渡阶段，即当一个城市的人口、经济以及空间发展到一定水平后，由于受到各方面条件的制约或影响，城镇化速度有所下降，呈现平缓上升的趋势。当然，虽然重庆市在城市发展方面取得较好的成绩，但是相对于前几年，2015 年重庆市的城镇发展水平仍然只有 0.786，这一方面揭示出了重庆市地域广阔，城市发展在一定程度上受到众多区、县发展水平的限制，另一方面也意味着重庆市城镇化发展仍具备巨大的潜力，也需要我们持续地关注度。

（二）生态环境发展水平方面

虽然重庆市近十年生态环境综合发展水平有所起伏，但总体上呈现上升趋势，实现了由生态环境较低水平到较高质量的发展，由 2008 年的 0.324 上升到 2017 年的 0.732。2008～2010 年以及 2012～2014 年两个阶段，重庆市生态环境发展水平都出现了一定程度的下降,相应地,这几年也是重庆市城镇化发展较为迅速的几年,这也一定程度上印证了城镇化的发展对生态环境将带来不同程度的影响。虽然重庆市位于西南偏远地区,早期生态环境保护观念较差,起点也较低,但随着重庆市政府近些年对环境保护的高度重视,特别是2015年重庆市根据城市发展的现实需要,明确的将生态环境保护提升到城市战略发展的高度,这也一定程度促进了重庆市生态环境的发展。当然,随着城镇化的继续发展,城市工业水平以及城镇人口的增长,重庆市生态环境发展也面临着更大的挑战与压力。

(三)耦合协调发展水平方面

重庆市城镇化与生态环境耦合度虽然出现上下波动,但仍一直处于高度耦合阶段,说明了重庆市城镇化发展与生态环境息息相关,但这并不能说明二者之间的发展具有良好的协调性。从二者的协调发展度变化情况,可以看到重庆市近十年城镇与生态环境的发展经历了低度协调城镇化滞后型—中度协调城镇化滞后型—中度协调生态环境滞后型—良好协调生态环境滞后型的过渡。这也而充分说明了重庆市近十年在城镇化以及生态环境的发展方面都取得了较好的成绩。

对照前文所确定的协调发展评价标准,可以发现从2008年以来,重庆市城镇化与生态环境的协调发展度一直在上升,并在2016年达到了良好协调阶段。对比城镇化发展水平与生态环境发展水平可以清晰地看到,重庆市城的镇化发展水平在前几年始一直滞后于生态环境发展水平,但随着城镇化的快速发展,2013年开始,生态环境逐渐出现滞后于城镇化发展的情况。这也决定了重庆市城镇化与生态环境协调发展仍存在着一系列问题。

综上,2008年以来,重庆市城镇化与生态环境的发展都有了较大的提升,但也仍然存在着一些不足:城镇化发展水平仍然较低,需要进一步提升;随着城镇化的发展,生态环境开始出现滞后;二者协调发展情况仍具有较大提升空间。这些问题的解决则需要我们更为深入地了解城镇化与生态环境协调发展的内在机理及路径。

第二节 重庆市城镇化与生态环境协调发展的路径研究

本节将对重庆市城镇化与生态环境协调发展情况进行情景模拟,通过情景模拟对重庆市城镇化与生态环境协调发展进行因素调控,并借助于协调发展度模型,对比不同情景下重庆市城镇化与生态环境协调发展度的差异,从而实现其协调发展的优化。

一、情景分析方法

(一)情景分析法的基本原理

"情景",也即可能发生的情况,这一概念最早是在1967年由赫曼·卡恩(Herman Kahn)和安东尼·维纳(Anthony J. Wiener)在其相关研究中提出。他们将情景定义为未来可能产生的结果及过程,这些结果及过程是建立在现实的基础之上的。通过对不同情景进行分析,便可以预测事物发展的趋势,从而为决策提供借鉴。

情景分析法,即基于对某事物或政策的现状研究,分析未来可能发生的变化或者趋势(也即情景),进而对相关情景进行设置,往往需要确定一些参数代表"情景"在某事物或状况的角色,并通过改变这些参数来研究不同情景对改事物或政策的影响。情景分析法的运用需要注意两点:首先,情景的设置必须严格地基于现实情况,通过对现状的深入研究分析得出结论;其次,情景的分析必须同时结合定性与定量分析方法,其中,定性分析是基础,定量分析则是关键,情景分析结果的科学性很大程度上取决于定性分析与定量分析的严密性与逻辑性。情景是对未来可能发生的情况的表述,通常情况下情景包括两种:基准情景,即假设研究对象按现阶段的发展趋势继续发展,这种情景下则不需要对相关参数进行改变,任由研究对象自行发展;比较情景,是相对于基准情景而设置的,通过对事物或政策可能的发展或变化趋势进行研究,根据研究对相关参数进行设置,进而对比分析不同情景下事物发展或者政策走向,需要强调的是,比较情景参数的设置是在基准情景的基础上进行的,对其进行模拟的模型及方法均保持一致,这样才能保证其模拟结果的可比性。

(二)情景分析法的主要步骤

1.情景分析法的主要步骤包括

(1)分析对象与目标的确定

情景分析法首先需要确定分析的对象与目标,这也是情景分析的基础工作。本文中的分析对象为重庆市城镇化与生态环境协调发展整个系统,分析目标则是不同情景下重庆市城镇化与生态环境发展趋势以及二者的协调发展情况。

(2)系统因素的分析

系统因素分析是情景分析的前期工作,同时也是极其重要的步骤之一。主要任务是找出研究对象的相关因素,并进行分析,同时建立其因素之间的相互作用模型。

(3) 情景的设定

不同的情景对于研究对象而言，将会产生不同的变化趋势，本文中的情景则是指不同的城市发展策略，即政府为了促进城镇化以及生态环境的发展，采取的措施或政策。情景的设定则需要对政府未来可能采取的政策进行设想，分析不同政策情景下，城镇化和生态环境所产生的变化，并将变化通过系统因素指标进行表达，即确定检测变量（影响因素）与目标变量（被影响因素）。

2. 模拟与预测

在前面的步骤完成后便可将相应的监测变量变化值输入到 Vensim PLE 软件中，进行模拟，并对相关变量的变化情况进行记录与整理，以此实现对未来几年不同情景下重庆市城镇化与生态环境协调发展趋势的预测及分析。

(三) 本文的情景设定

1. 本文情景设定的依据

(1) 公共决策理论

公共决策是指政府为了保障社会各项事业的有序发展，以实现公共利益的维护为目标，从而做出的各种决定。公共决策的内涵主要包括：决策主体——即直接参与公共政策或者方案制定的人或组织，主要是指政府部门中的人或组织；决策客体——即决策所发生作用的对象，既可以是社会发展过程中遇到的某些问题，也可以是社会成员中的任何一方；决策环境——即影响决策的因素，这些因素既包括社会经济情况、社会文化条件，现行的体制、机制等因素，也包括了国内外政治、军事以及外交等因素。

公共决策的主要特点：目标导向性，任何的一项公共决策都不是盲目的，而是以实现某一目标为导向，公共决策是为了解决某个社会问题或者处理某一社会关系而产生的；公益性，即公共决策不是为了实现私人的欲望或者目标，它的出发点是维护公共的利益；效力普遍性，公共决策是针对一定区域范围而制定的，不同区域范围的公共决策主体不同，一旦公共决策形成，则在相应范围内的均具有效力；强制性，公共决策的执行由国家暴力机关作为后盾，一旦形成，则其执行具有强制性。

公共决策的主要流程包括：确定问题及目标，对决策所要解决的问题进行分析，并预计决策所要取得的效果；拟定方案，通过问题的分析提出针对性的解决措施，形成决策方案；方案评估及优选，对上述方案进行对比分析，选择最有利于问题解决或者效果最优的方案；方案试行，在公共决策执行前往往需要对方案的具体效果及可能存在问题进行了解，可以在小区域范围内进行试点执行，以提高决策的有效性及可行性；决策执行，在对决策试行出现的问题进行优化调整后便可正式执行；决策追踪，继续了解相关决策执行的效果，及时反馈，以便决策方案的进一步优化及决策水平的提高。

本节旨在探讨城镇化与生态环境协调发展的政策路径，城镇化政策及生态环境政策均属于公共决策的范畴，这些政策的目标包括：提升重庆市城镇化发展水平、提升重庆市生态环境发展水平以及提升重庆市城镇化与生态环境协调发展水平，因此可以根据政策目标的不同，将重庆市城镇化及生态环境政策分为城镇化发展、生态环境发展及协调发展三种基本类型。

（2）专家学者的研究

林巍在对京津冀城镇化与土地资源相互关系的研究中，根据公共决策的目标将土地及城镇化政策设置为基准情景、均衡发展情景及非均衡发展情景，其中均衡发展是指政府决策时充分考虑各个区域的资源需求情况，而非均衡发展则是政府决策具有一定的倾斜性，进行决策是对某一区域或者方面有所偏重；李新杰在对河南省经济与环境协调发展关系的研究中，将河南省环境经济政策设定为经济优先型、环境优先型及协调发展型三种情景；郝丽丽在对大连市乡村旅游驱动政策的研究中，将政策情景设置为产业偏重型、文化偏重型、环境偏重型及协调发展型等4种。

通过对上述文献的总结，可以发现，专家学者们大多数都依据政策的目标来设定相关政策情景，并且都有着较好的研究效果。因此本文将借鉴前人的方法，并结合公共决策的相关理论对本研究的政策情景进行设定。具体包括基准情景、城镇化发展型、生态环境发展型及协调发展型4种情景。

2. 本文的情景设定

（1）自然发展型

自然发展型是指，不对任何参数进行调整，在现行城镇化与生态环境发展策略下，运用 Vensim PLE 其系统发展进行模拟仿真，观察未来若干年内，相关变量的发展变化情况。该情景所对应的方案称之为自然发展型方案，以下简称方案 N。

①情景1：城镇化优先型

城镇化优先型是指，对现行城镇化与生态环境发展策略进行一定的调整，并且侧重于优先考虑城镇化的发展。促进城镇化发展的策略可以从两方面着手，其一，对产业结构进行调整，保持经济高速增长态势，促进经济城镇化；其二，放宽人口进城落户政策，制定人才吸引政策，一定程度上提升城镇人口的机械增长速率。根据重庆市近几年各产业固定资产投资的具体情况来看，由于第一产业投资一直处于3%左右，且较为稳定，因此本文情景设定时将进一步假设第一产业投资比例保持现有水平，不予以变动，而是通过对第二、第三产业投资比例的变化来设定相应方案。

因此，本情景下对应的发展方案有两种：方案 A，第三产业的固定资产投资比例由有原来的 0.63 提升至 0.65，第二产业的固定资产投资比例降低 2 个百分点，同时，将机械人口增长率提升至 0.007；方案 B，第二产业的固定资产投资比例由有原来的 0.34 提升至 0.36，第三产业的固定资产投资比例降低 2 个百分点，同时，将机械人口增长率提升至 0.007。

从而，本方案下对应的监测变量为：第三产业投资比例、第二产业投资比例以及人口机械增长率。

②情景 2：生态环境优先型

生态环境优先型是指，在城镇化与生态环境发展的过程中，优先考虑生态环境的发展。而在前文模型假设中已经进行了假设，即认为环境污染的治理主要与环保投资相关，因此本情景下可将环保投资比例作为检测变量，在保证其他变量不变的情况下，将环保投资比例由原来的 0.024 提升至 0.03。此情景下对应的方案简称为方案 C。

③情景 3：协调发展型

协调发展型则是强调城镇化与生态环境的共同发展，即在结合方案 A、B 及方案 C 的同时，考虑社会子系统相关变量变化对整个系统带来的影响及作用。具体做法为：方案 D，第三产业的固定资产投资比例提升至 0.65、第二产业的固定资产投资比例降至 0.32、机械人口增长率提升至 0.007、环保投资比例提升至 0.03、科技投资比例提升至 0.005；方案 E，第二产业的固定资产投资比例提升至 0.36、第三产业的固定资产投资比例降低至 61%、机械人口增长率提升至 0.007、环保投资比例提升至 0.03、科技投资比例提升至 0.005。

同时，为了研究不同发展策略下，城镇化与生态环境协调发展的变化情况，可进一步将第四章确定的协调度评价的主要指标设为目标变量。

二、重庆市城镇化与生态环境协调发展的情景仿真

系统动力学不仅具有预测主要变量发展趋势的功能，还可以进行政策模拟，在不同的发展政策模式下观测系统行为和变化，通过模拟可以看到各种不同政策下模型所代表的真实系统将产生的行为模式变化，从而制定科学的决策。前文中已经对重庆市城镇化与生态环境的不同发展策略（情景）进行了描述，主要包括自然发展型、城镇化优先型、生态环境优先型以及协调发展型，同时也确定了不同发展策略所对应的监测变量以及目标变量，本节的重点是把上节所确定的不同发展策略及方案所对应的监测变量的变化在

Vensim PLE 软件中进行操作，并对目标变量所对应的不同输出结果予以比较及分析，从而为促进重庆市城镇化与生态环境的协调发展提供依据。

（一）城镇化相关指标仿真

1. 城镇人口

在 6 种不同的发展策略下，重庆市的城镇人口都将持续上涨，在自然发展模式下，2015 年重庆市城镇人口的模拟值为 1890.62 万人，这与城镇人口实际值 1838.41 万人基本吻合，通过模型运算以预测得重庆市 2030 年的城镇人口将要突破 2900 万人。当然，不同城市发展策略下，重庆市城镇人口的增长也存在一定的差异。方案 A 与方案 B 由于侧重于城镇化的发展，政策上有利于农村人口向城镇转移，同时由于经济的发展，也可以吸引大量的外来人口，因此城镇人口增长速度较快，但同时，方案 B 人口增长速度较方案 A 快，说明就现阶段而言，重庆市第二产业的发展比第三产业的发展更具人口吸附力；方案 C 侧重于生态环境保护，环境质量的提升，一方面有利于经济的可持续发展，同时也为城镇居民提供了较好的生活环境，降低了人口疾病率，该方案下城镇人口的增长速度也将超过现行方案；方案 D 与方案 E 则是强调城镇化与生态环境并重，区别是在于对第二产业与第三产业发展的侧重方面，与方案 A、B 类似，强调第二产业发展的方案 E 城镇人口增长速度较强调第三产业发展的方案 D 快，但显然受益于城镇化与生态环境的协调发展，城市经济、人口以及环境的迅速发展，为城镇人口的增长提供了必要的保障，使得方案 D 与方案 E 下的重庆市城镇人口增长速度相比于其他方案更快。

2. 城镇化率

城镇化率是衡量一个城市城镇化情况的重要指标，2015 年，重庆市的城镇化率为 60.94%。在现行的发展趋势下，重庆市 2015 年城镇化率的模拟值为 61%，与实际情况一致，而经过 15 年的发展，到 2030 年，重庆市的城镇化率将上升至 83.85%。与城镇人口发展类似，由于不同政策的侧重不同，不同方案下的城镇化率发展也呈现不同态势。由此可以看出，现阶段而言，产业的发展，尤其是第二产业的发展可以促进重庆市城镇化的发展，同时，良好的生态环境也可以在一定程度上对重庆市城镇化进程起到正面影响的作用。

3. 人均 GDP

各种方案下，未来重庆市人均 GDP 都将实现较快的增长。在自然发展方案下，2015 年重庆市人均 GDP 的模拟值为 50338.4 元 / 人，而这一指标的实际值为 52322 元 / 人，误差仅为 4%，这也实了模型具有较好的模拟效果。方案 A 中，第三产业投资比重的增加反而使得人均 GDP 出现降低，并且低于自然发展情景下的方案 N，方案 B 增加了第二产业投资比重，则使得人均 GDP 实现较快增长，由此说明第二产业的增长对于重庆市现阶段 GDP 总量贡献度要超过第三产业。方案 C 的人均 GDP 模拟值稍高于方案 N，但由于差异较小，人均 GDP 变化基本上重合，说明环境的改善也可以在一定程度上促进经济的发展；当然，由于受到第二产业增长的影响，方案 B 与方案 E 的人均 GDP 增长速度要高于其他方案。

4. 非农产值

非农产值即为第二产业产值与第三产业产值之和，显然会受到产业投资比例调整的影响。自然发展情景下，2015 年非农产值的模拟值为 14294.5 亿元，而实际值为 14569.9i 亿元，模拟情况与实际情况基本符合。与人均 GDP 增长趋势类似，第二产业的增长也对非农产值的发展趋势起着决定性作用，非农产值的增长速度从快到慢依次为：方案 E> 方案 B> 方案 C> 方案 N> 方案 D> 方案 A。

城市建成区面积的增长受到城市经济以及人口增长的影响，人口越多，经济越发达对于城市空间面积需求量越大。不同方案下建成区面积变化与城镇人口发展趋势基本保持一致，但各方案下建成区面积间的差异较小。2015 年，重庆市建成区面积实际值为 1529.15 平方千米，而自然发展情景下，通过系统模拟得到这一指标的模拟值为 1551.59 平方千米，与实际情况相符合。方案 C 与方案 N 建成区面积基本重合，且方案 C 稍微高于方案 N，同时方案 C> 方案 D> 方案 B> 方案 A，且相互间差异较小。

（二）生态环境相关指标仿真

1. 废水、废气及固废排放量

污染物排放与第二产业产值成正比，与总人口成正比。此外，科技水平的提升一定程度上可以促进节能减排，从而降低污染物的排放。自然发展情景下，重庆市 2015 年废水、废气及固废的排放量模拟值分别为 151133 万吨、91.1 万吨、3652 万吨，而实际值则为 149641.60 万吨、97.68 万吨、3484 万吨，模拟值与实际值误差较小。显然，由于受到第二产业发展的影响，方案 B 及方案 E 的污染排放量在后期要远超于其他几个方案，特别是方案 B 情况下，过分与强调 GDP 的增长与城镇化的发展，对于生态环境带来了巨大的压力，污染排放量最高。方案 D 与方案 A 则提倡加快产业升级，加大了第三产业的投资比例，相应地，工业污染排放增长量则有所缓和。

2.环保投资额

环保投资额的变化取决于政府对环境保护的重视程度，以及城市经济的发展。城市经济发展越好，GDP 总量越大，则可用于环境保护的资金总量将会增长，政府对环境越重视，则愿意为环境保护提供更大比例的资金，以支持环境的保护。自然发展情景下，环保投资的模拟值为 380 亿元，而实际值为 399 亿元，模拟效果较好。方案 E 中，由于 GDP 增长最为迅速，GDP 总量提高，且政府也重视环境保护工作，环保投资比例相应上升，因此相应的投资总额就越大，居于各方案之首。方案 C 则次之，方案 A 由于 GDP 增速减缓，以致可用于环境保护的资金总量下降，环保投资额增长最为缓慢。

综上所述，不同情景及方案下，城镇化与生态环境发展将呈现不同的态势。第二产业的发展可以迅速提升经济以及城镇化发展速度，但同时也在一定程度破坏了生态环境。经济与城镇化发展所依赖方式的不同对于生态环境有着不同的影响，城镇化与生态环境的发展之间，存在最优地带。

三、重庆市城镇化与生态环境协调发展的路径选择

方案 N 模式下，重庆市城镇化与生态环境的协调发展度在未来 15 年内相较于其他方案一直处于较低水平，主要是由于城镇化水平的逐步提升，而相应的环保力度没有跟上城镇化发展，环境水平有所下降，从而导致整体的协调水平不高。

方案 A 模式下，强调增加第三产业的投资比例同时降低第二产业的投资比例，加速产业升级，重庆市城镇化与生态环境的协调发展度在未来 15 年内相较于其他方案一直处于较高水平，仅次于方案 D 和方案 E。由于第二产业发展速度的降低，使得工业污染物排放量速度降低，重庆市生态环境水平有所提升，从而增加了城镇化与生态环境协调发展的整体水平。

方案 B 模式下，强调第二产业的发展，由于目前阶段，第二产业仍然是重庆市国民生产总值的主要贡献来源，使得重庆市经济得到较快的发展，经济的发展加速了重庆市城镇化进程，从而使得重庆市城镇化发展水平得到较快的提升。但同时，工业的发展使得废水、废气及固废等污染物排放量攀升，给生态环境带来了较大的压力，使得生态环境水平有所下降，从而使得重庆市城镇化与生态环境协调发展的整体水平较低。

方案 C 模式下，强调生态环境的保护，增加环保投资比例，工业污染物得到有效治理，生态环境水平得到提高，因此总体的协调发展度高于自然发展模式。但由于城镇化水平相比于方案而言，仍然处于较低状态，这也使得

其协调发展度要低于方案A、B、D、E。

方案D模式下，强调加速第三产业发展的同时，加大环境保护力度，以及科技投资力度。第三产业以及科技的发展在一定程度上促进了重庆市城镇化水平的提高，同时，环境保护力度的加强以及第二产业增速下降，大幅度地提高了重庆市的环境治理，生态环境水平迅速上升，从而使得重庆市城镇化与生态环境协调发展的整体水平较高。

方案E模式下，强调第二产业发展的同时，注重环境保护以及社会发展。第二产业的迅速发展促进重庆市GDP的迅速增长，使得其城镇化处于所有方案中的最高水平，同时环保投资额的增长，也在一定程度上缓解了生态环境压力。高城镇化水平以及较高的生态环境水平，使得该模式下的协调发展度在2021～2030年间处于所有方案中的首位。但随着第二产业进一步发展，工业污染物排放量也不断增加，环境水平出现下降，这也导致其协调发展水平一直处于下降趋势，并且到2030年，被方案D赶超。

综上，可以发现，政府单方面地侧重于城镇化或者生态环境的发展，如方案A、B、C，显然都不利于二者协调发展水平的提升，而注重二者共同发展的方案D、E都可以显著地提高重庆市城镇化与生态环境协调发展水平；此外，第二产业的发展有助于快速推进重庆市城镇化的进程，但同时也对生态环境带来了较大程度的破坏，虽然加大环保力度可以在一定程度上缓解这一层面的压力，但是随着城镇化的不断发展，生态环境水平开始逐步落后于城镇化发展水平，两者之间的协调发展度也出现下滑；第三产业的发展虽然对于城镇化的促进作用不及第二产业，但却可以在带动经济发展的同时有效地提高生态环境水平。

因此，综合比较不同方案，可以发现，协调发展情景下，且注重第三产业发展的方案E最有利于重庆市城镇化与生态环境协调水平的长期可持续发展。

四、促进重庆市城镇化与生态环境协调发展的政策建议

（一）城市经济发展方面

经济的发展可以为城镇化与生态环境发展提供物质基础，是城镇化发展以及生态环境发展的内在动力。然而，不同的经济发展模式，对于城镇化与生态环境发展有着不同的影响。而通过对不同发展情景下重庆市城镇化与生态环境发展情况的分析可知，要保证重庆市城镇化与生态环境协调发展的长期性、可持续性，加速产业转型，实现产业结构优化升级至关重要。产业结

构的升级从理论上来说,是指劳动力、资本以及技术等生产要素的合理转移,由原来的低效率、高消耗部门转移到高效率、低消耗的部门。

1. 引导第三产业发展,提升产业发展效率

重庆市 2017 年的三次产业结构比为 6.9∶44.1∶49.0,与国内其他较发达的城市相比,重庆市第三产业所占比例仍然较低,经济的发展重度倚重于第二产业的发展。第三产业发展速度较为缓慢一方面是由于相关投资比例较低,产业发展动力不足,另一方面是产业发展效率较低,需要政府在一定力度上予以引导。具体做法为:第一,适当加大第三产业的投资力度,完善相关配套;第二,有效规范及引导第三产业发展,形成以文创、金融、物流以及培训等高端生产性服务业为主的产业链,实现第三产业有效发展;第三,重视产业创新及人才引进,以创新驱动产业技术发展,同时实施积极的人才引进政策,为第三产业发展提供充足后备力量。

2. 以信息化和管理创新为手段改造提升传统产业

重庆市的经济发展目前仍较大程度地依赖传统产业的发展,重庆市 GDP 增长速度近些年能一直领先于全国大部分城市,作为传统产业的制造业功不可没。但目前重庆传统产业的发展仍然属于粗放型,这对于生态环境而言,无疑会带来不利的影响,这些影响包括资源的消耗及环境的破坏。因此需要对重庆市传统产业的发展进行调整。具体做法为:首先,以信息化带动工业化,目前重庆市传统制造业生产方式仍然比较落后,信息技术的普及性不高,传统产业发展方式的调整首先必须推广新技术、设备的运用,实现生产效率的提高;其次,依靠管理及组织的创新实现传统产业的集约型发展,政府应以身作则,鼓励企业管理的改革,实现其软实力与硬实力的共同发展。

(二)城市人口发展方面

城镇人口是城镇化发展必要条件,同时城镇人口对于城市生态环境的发展也有着重要的影响。重庆市城镇人口发展受到诸多方面因素的影响,其发展水平的提高可以从以下几方面进行。

1. 深化户籍制度、社会公共服务改革

人口城镇化在较大程度上是指农村过剩劳动力向城市转移的过程,而要实现这一目的,基本公共服务均等化成为必要保障,学者王晓丽等人通过研究发现,城市外来务工人员对于社会公共服务的关注点主要集中于住房、教育以及医疗等方面。2015 年,重庆市政府发布《关于进一步推进户籍制度改革的实施意见》(以下简称《意见》),《意见》对关于户籍登记制度、居住制度以及保障外来务工人员享受城市公共服务权益等方面都有涉及,但当前仍

缺乏相应的配套政策。当前政府可从以下几方面做出努力,以促进社会公共服务的公平化,推动人口由农村向城市的有序转移:第一,完善社会保障制度,尽可能解决流动人口的社会保障问题,包括养老、医疗等基本保障的跨区域链接,以保证流动人口的社会保障权益;第二,努力解决进城务工人员子女教育问题,增加相关预算,致力于更多的教育基础设施建设,保障进城务工人员子女接受教育的权利;第三,继续致力于外来人员住房保障工作,完善保障房、公租房等配套社会福利设施,逐步取消在享受住房保障方面的户籍限制。

2. 提高城市价值,全方位多层次扩大就业

就业是人口向城市流动的主要原因,想要进一步盘活农村剩余劳动力,推动其向城市转移,最关键的问题就是解决就业。首先,政府应该通过为招商引资提供政策配套服务,吸引更多的外商参加到重庆市的建设当中,从而为重庆市提供更多的就业机会与选择;其次,应当继续完善人才保障制度,提升城市高质量人才吸引力,而在这方面,政府则需要通过新一轮的产业升级,提升产业附加值的创造力,为人才的流入打下基础,在此基础上坚定不移地实行人才引进战略为高层次紧缺型人才提供配套服务,增强城市的吸引力;再次,应该积极培育创业环境,引导群众发挥群体智慧激发创业的动力。

(三)城市环境保护方面

1. 重视环境保护,增加环保投资

基于目前国内环境保护的现状,政府政策引导依然是最为主要的环保手段之一,因此,政府对于环境保护重视的程度,往往决定着一个城市的生态环境发展水平。首先,政府应该提高环境保护投资比例,一方面,使得更多的资金使用于环境污染的治理,同时,有力地支持先进生产技术以及节能环保材料的研发,从源头上减少环境污染源的排放;其次,适当关闭一些落后的、低效率的且对环境污染较为严重的企业;再次,积极引进国外先进的生产经验,普及生态能源的使用。

2. 推进环保机制创新,发挥市场在环境保护中的作用

环保机制主要是指环境保护的相关机构的设置与制度建设,环保机制的创新是重庆市新型城镇化的必然要求。首先,应该完善相关机构的设置,明确监管职责。环境保护不具备盈利性,因此需要政府采用行政手段进行干预,而监管部门的设置及其职责的明确则是最为有效的行政手段;其次,完善环保激励机制,对为环境保护做出突出贡献的企业及个人进行必要的奖励,同时也必须对那些破坏生态环境的行为进行惩罚,从而引导企业及个人环境保

护的自律性；再次，进一步发挥市场在环境保护中的作用，重庆市目前已经开始试点污染排放权交易制度，并且取得了一定的成效，这一制度将市场引入了环境保护当中，可以有效地解决企业污染物排放超标问题，应进一步扩大试点，对这一制度进行推广。

3. 提高公众参与度

环境的保护仅依靠与政府的引导是不够的，公众环保意识的高低决定着环保成效的大小，因此在环境保护问题上，需要大力度地提高公众的参与程度。第一，加大环保宣传力度，树立良好的环保风气。公众的生活方式、消费行为对生态环境有着较大的影响，政府应该通过媒体等方式传播正确的消费观念，提高公众环保意识。第二，将生态环境保护与人居生活水平相结合，政府可进行文明示范区建设，让群众切身感受到环保的益处，提高其环保参与的积极性。第三，加强区域合作联动。重庆市地域较广，且环境形势均有所不同，应该加强各个区域的环保合作，在技术、资金及政策扶持上实现共享，充分调动全市的环保积极性，共同促进重庆市生态环境保护工作的效率提升。

第五章 新时代背景下重庆市新农村建设与城镇化发展的协调性研究

第一节 新农村建设和城镇化协调发展的动力机制

针对新农村建设与城镇化发展关系的论述,主要有三种代表性观点:一种是认为二者是此消彼长、互不相容的,认为由于城镇化的推进侵占了农村的廉价土地和发展资金,指出城镇化是三农问题的罪魁祸首,因此城镇化的步伐应该放慢;相反,也有人认为现代化的标志是城市化,新农村的建设有悖现代化的规律,他们认为没有必要搞新农村建设,指出只要把城市建设好了,让农民转移到城市中去就行了。第二种观点是认为新农村建设是城镇化的一个重要补充,是一种就地城镇化,是在我国城镇化的过程中,大中城镇群向农村的延伸。第三种观点认为新农村建设应与城镇化同时进行,城镇化是新农村建设的助推器。如果把新农村建设与城镇化分别比作两个集合,则第一种观点的解释就是两个集合是相离的,第二种观点认为城镇化这个集合包含新农村建设,新农村建设是城镇化的一个子集,二者是一个包含关系。第三种观点的解释就是新农村建设与城镇化是相交的,相交部分存在着共同的作用力。本人倾向于同意第三个观点,认为两者是相交的关系,但是需要补充的是,新农村建设与城镇化不是单向作用,而是双向互动。也就是说,新农村建设与城镇化完全可以实现良性互动发展,增强城乡的融合度,实现城乡统筹。

一、城镇化对新农村建设的带动机制

目前,我国已经处于工业化的中期阶段,国民经济增长的力量源泉也早就由农业转为非农业,可以说我国工业反哺农业的条件逐渐成熟,已经具备了工业反哺农业的条件。实践证明:城镇化对新农村建设能够产生具有非常强大的带动作用。

具体来说，城镇化对新农村建设的带动机制是指，城镇化通过实现农村剩余劳动力的转移，农业劳动生产率的提高，促进农业的规模化经营，从而提高农民的收入水平，缩小城乡间的差距，来带动新农村建设。

（一）城镇化促进农村劳动力转移

处理好城镇化问题是加快推进农村现代化、有效解决三农问题的关键。本质上讲，农民穷，穷在人多地少；农村贫，贫在难以接收到城市文明的辐射；农业弱，弱在社会化服务体系不够完善。所以，解决三农问题的落脚点应放在合理减少农民的数量上，只有让一部分农民平稳有效地转移到城镇中去，农民人均土地和资源的占有量才能增加，农村的规模化经营才可以开展，农业的劳动生产率才能提高，农民的收入才会增加。城镇化的推进在缓解城市就业压力和就地转移农村剩余的劳动力方面有明显的作用。

首先，伴随着城镇化的不断推进，乡镇企业数目亦不断增加，这将会扩大对劳动力的需求，从而促使当地的农村剩余劳动力向乡镇企业转移。目前，在大中城市劳动力供给总量趋于结构性饱和的前提下，使得对于知识技能要求不高的岗位供给过剩，再加上近年来大中城市下岗职工的人数仍然很多，农民工自主选择岗位的意愿增强等因素，农民工进入大中城市就业的门槛实际上是被提高了。相反，小城镇新增岗位与大中城市相比，投入较少，并且多属于劳动密集型企业的聚集地，对知识和技术的要求并不高，因而能够使得其成为农村剩余劳动力就近转移的重要场所。

其次，城镇化通过不断扩大中心城镇的规模，提高了中心城镇的人口聚集度，再通过人口的聚集，拉动当地第三产业的发展，从而吸引大量农村剩余劳动力向第三产业转移。此外，文化和教育资源在小城镇不断聚集，使得农民在这些地方同样可以享受到与城市相当的精神生活。并且，当地农民能够较快地适应这里的乡土环境，使农村富余劳动力就地转移不仅成为可能，而且在比较效益差距不大的情况下成为首选。

最后，农民的消费方式和消费结构也可因城镇化的进程而发生变化。农民消费方式和消费结构的变化将拉动农民的消费需求，从而就可以带动当地消费品市场的繁荣，可以提供新的就业机会给农民。另外，城镇化本身也会带来大规模的城镇基础设施建设，也增加了对农村剩余劳动力的需求。同时，小城镇还可以对大中城市就业群体进行及时、有序的分流，缓解大中城市就业压力，促进农村劳动力合理有序的流动。

综上所述，城镇化可以在以上各方面起到联合作用。它就好比一组助推器，提升了它对农村经济社会全面发展的带动效应。

（二）城镇化有利于农业劳动生产率的提高和产业结构优化升级

我国农村的劳动生产率普遍很低。以重庆市为例，2015年重庆农业人口为2196.45万，其中农业劳动力1379.35万，而耕地面积仅有223.76万亩，平均每个农业人口只占有0.102亩地，每个农业劳动力只有0.16亩地。如果按照美国的农业生产标准，即平均每个农业劳动力经营土地500亩，那么重庆市总共只需要4475个农业劳动力；即使用巴西这样的发展中国家农业生产水平来衡量，重庆也只需44750个农业劳动力，即平均每个农业劳动力经营50亩土地。这是一个比较低的农业生产水平。即使按照较低的农业劳动生产率要求，重庆市农业劳动力的最大需求量也不应当超过44750个农业劳动力。按每个农户3口之家计算，约13.4万农业人口。也就是说，重庆市2196.45万农民中至少95%的农民属于"多余"劳动人口，应当被转移出去。由此可见，重庆市农业经营规模太小，以至于不能产生农业生产的规模效益，最终导致重庆市农业劳动生产率低下。如果农村剩余的劳动力被转移出去，也即务农的人数减少，就会使得从事农业生产的农民的人均耕地面积相对增加，同时，农民的住房等生活设施的建设用地的需求也会跟着降低，这样能在很大程度上缓解农村人地紧张的矛盾。这不仅为农业生产规模化的实现创造了条件，还有利于提高土地的使用效率。有了规模化的农业生产，就可以应用高科技的耕作方式，这样必然会提高农业的劳动生产率，并且从整体上提高了农村土地的利用价值。

另外，城镇用地的效率比农村用地的效率高。根据相关数据显示，60%以上的国内生产总值来源于全国城市建成区的总面积的40%。这从另一方面也说明了加快城镇化进程，提高了土地的有效利用率，相对节约了有限的土地资源，从而使得农业资源能够持续利用。

城镇化进程的加速能够调整和优化农村的产业结构。加快城镇化的建设能够促进农村产业结构调整和优化。首先，城镇化具有一定的组织功能和示范作用，通过对土地、劳动力、资本以及其他传统农业资源的调整，改变农业内部分工，有利于利用优势农业资源，实现由单一发展种植业逐渐转向种植业和养殖业相结合，以及原料生产和深度加工相结合的产业化发展目标，进而推动农业纵向一体化发展。其次，城镇化具有聚集非农企业的功能。城镇化过程中，不断完善的基础设施和与生俱来的市场影响力，有利于农村中小企业减少外部成本和交易费用。最后，城镇化建设还有利于企业布局趋于集中化，从而改变农村中小企业分散布局和无序发展的状况，促进企业技术进步和产品升级，并通过循环积累效应，从而带动非农产业的整体发展。

(三）城镇化带动农民收入增加以缩小城乡差距

加快推进农村城镇化进程，可以增加内需，带动农民收入增加，缩小城乡差距。一方面，城镇化能够把一部分农民转化为市民，而且城市的大量基础设施建设可以提供很多的就业岗位给农民，从而增加他们的收入，另一方面，农民转化为市民之后，就成了农副产品的需求者和购买者，而且其他生活方式、消费方式也将发生根本性变化，逐渐增加对工业品与第三产业产品与服务的需求。

首先，由于城镇是一个区域的经济中心，消费市场比较活跃，对劳动力的需求也很旺盛，因而农村富余的劳动力就会被吸纳到城镇中就业或兼业，从而收入增加。其次，城镇化可以拓展农产品市场，扩大农产品的需求。目前，由于城镇人口少，农村人口多，全国很多地区的农村形成了农产品的自给性需求。不仅很多居住在农村专门从事农业的人对农产品形成了自给性需求，而且很多主要从事二、三产业，兼做农业的人对农产品也形成了自给性需求。所以，即使有众多兼职从事二、三产业的农民也形不成农产品消费市场。若这种情况长期发展下去，将会产生因缺少有效需求的推动，而导致农业商品化生产出现过剩，致使农民收入增长缓慢甚至减少的情况。城镇化的快速推进，使得城镇规模不断增大，人口大量聚集。城镇集中数量可观的专门从事二、三产业的群体，形成巨大的农产品消费市场。再次，城镇化通过减少农民数量而增加农民收入。城镇化水平提高后，农村的富余劳动力将有大部分转移到非农产业中去，留在农村从事农业生产的劳动力数量会减少，因而人均拥有土地的数量相应增加，劳动的边际产出增加，收入也会提高。并且随着城镇化水平的提高，农业大面积的机械化生产将得以实现，规模效益的结果自然是提高劳动生产率的同时，增加了农民的实际收入。最后，城镇化进一步完善了城镇基础设施，集中了各种农业服务部门和中介组织。这些基础设施为农产品销售提供场所；这些服务部门为农产品销售提供信息，为农业生产提供各种生产资料和服务；这些中介组织则通过各种市场信息的传递，为家庭生产的农产品交易提供长期稳定的销售渠道和广阔的市场空间。农户通过与这些服务部门或中介组织签订供销合同或者类似的契约，就能与农产品销售企业和加工企业之间，形成比较稳定的供销合作关系。这大大缓解了农产品的"卖难"的问题，从而保证农产品生产出来后顺利地销售，带动农业持续、稳定的发展，增加了农民的收入。

二、新农村建设对城镇化的推动机制

（一）新农村建设为城镇化提供必要的物质保证

新农村建设能够扩大内需，助推城镇第二、第三产业的发展。数据显示，拉动国民经济增长的三驾马车中，投资和出口的贡献率达到60%，而消费仅占40%，农民的消费能力太低是消费需求不足的关键，农村巨大的消费市场并没有启动起来，占全国人口70%的农民，只占城乡居民储蓄总额的18%，仅消费了社会消费品零售额的36%。由此可见，国内有效需求不足和城乡发展的失衡是我国经济增长面临的突出矛盾。新农村建设的提出，将带来巨大的商机给城市相关制造业和流通业，农村市场将要被启动。据专家预测，2020～2025年，用于农村基础设施建设的中央财政投入至少为3万亿人民币，抛开地方财政和其他来源的社会资金不说，根据投资乘数原理，仅此一项就可为相关企业带来5万亿～6万亿元的商机。

新农村建设一方面不断创新农业技术，实现农业的科技化，把创新的技术运用到土壤调查、品种选用、作物栽培、畜禽养殖、虫害防治等各个环节中，这样城镇日益增加的农产品的需求就能被满足。另一方面，新品种和新科技的推广和应用，农业产业化经营的加强，都会使得农产品质量提高和品种增加，城镇居民对农产品质量和品种提出的更高的要求也能被满足了。由此，新农村建设为城镇化的推进提供了必要的物质保证。

（二）新农村建设为城镇化提供必需的人才保障和智力支持

最近几年来，随着一系列支农、惠农、强农国家政策的出台，农村的基本面貌发生了巨大的变化，并且有相当一部分人脱了贫走上了富裕的道路。然而，需要认识到：温饱的解决和初步的富裕并不等于实现了新农村建设，城乡显著的二元经济结构依然存在，尤为突出的是农民的思想教育问题，普遍存在的是横不到边、竖不到底的"断层"现象。在社会、体制转型时期，农民在很多方面都发生了新的变化，比如他们的思想观念、思维方式、心理素质和价值取向等，加之部分农村基层干部的处世态度、村级组织的软弱瘫痪、工作行为方式的粗暴都会引发农民一系列的心理矛盾。因此，通过社会主义新农村建设，能让大批农民进入比较城镇化的生活轨道中去，环境的改变也有助于推动农民的思想观念、行为方式和生活习惯朝一个更好的方向发展，从而健康向上、科学文明的生活方式和社会风尚就会逐步形成。新农村建设中形成的比较完善的文化娱乐设施和市场氛围，有助于农民树立市场经济意识，学习科技文化知识，从而引导农民讲文明、树新风，努力成长为有文化、懂管理、会经营的新型农民，让他们实现知识化、文明化、现代化，实现人的全面发展。温家宝总理曾经指出过，提高农民素质是实现全面建设小康社会的根本出路，而随着农民整体宿舍的不断提高，必定会为城镇化提供源源不断的人力资源和智力支持，并保证了城乡社会的安全稳定和国家的长治久安。

（三）新农村建设通过优化我国城镇化体系，推动城镇化健康有序的发展

受限于我国的财力现状，只能选择那些人口相对集中的地区来进行发展。首先，将中心城镇的生产、生活服务功能进行完善，大力发展城镇二、三产业，这样农民就会被吸引到中心城镇进行生产生活；其次，集中分散的农村村落，并且建成农村社区，并配套建设现代化的基础、生活和服务功能设施。这样集中就可以使他们成为周边地区的乡村腹地，为周边城市提供相关的产品和服务，也能比较容易地接受城市的辐射。同时，城镇间的联系就可以因这些小城镇和社区而变得密切起来，密切的经贸联系也必然会加速城镇间的分工协作，这样各类大中小城镇和农村社区就会形成布局合理、功能互补的城镇体系，从而，社会主义新农村建设对我国城镇体系的助推作用就实现了。

新农村的建设还能够推动我国城镇化健康有序发展。首先，通过搞新农村建设，西方国家曾经出现过"城市病"就不会在我国发生，更不会引起诸如人口拥挤、交通紧张、住房不足、失业增加以及环境污染之类的社会矛盾。其次，有一定劳动技术和文化素养的农村人口可以在新农村建设的保证下循序渐进地进入城市，为城镇化的进一步推进做好人口素质上的准备，降低城镇化的社会成本。美国经济学家舒尔茨在《改造传统农业》一书中指出，只有农村经济发展提高了，才能促进城市的发展进步和城乡之间的交流与融合。

第二节 重庆市新农村建设与城镇化互动发展模式的选择

一、我国新农村建设与城镇化互动发展的主要模式

新农村建设与城镇化互动发展模式，是指在不同的地区具有本地区鲜明特征的新农村建设与城镇化的经济结构和经济运行方式的理论概括。影响其形成和发展的因素包括当地的生产力水平、经济资源、自然资源环境以及当地政府政策和行为等。新农村建设与城镇化互动发展模式的主要特

征是多样性。新农村建设与城镇化互动发展模式可以分为城镇化主导型模式和新农村建设主导型模式两个一级模式。

（一）城镇化主导型模式

城镇化主导模式由工业企业带动模式、城镇建设带动模式和劳务输出模式三个二级模式组成。

1.工业企业带动模式

适合这类模式推广的典型区域是：自然区位条件优越，当地政府领导比较有领导能力，同时有一定的信息、资金和技术条件。这种模式的基本特征有：通过整合当地的农村土地和劳动力等资源，发展乡村工业企业，转移大量农业剩余人口，来带动农村的经济、教育、文化、卫生以及基础设施的综合发展。它的首要集中任务是：全拆全建和村庄整治相结合来盘活农村集体土地资产，并且集中建设农村工业园区和农村新社区。

2.城镇建设带动模式

这类模式适宜推广的地区和工业企业带动模式是差不多的，也需要具有一定的区位优势，同时在资金、信息和技术方面有一定的优势，这种模式的典型特征是：农民被城镇吸引，开始向城镇聚集，这会加速资本和产业转移，促进农村劳动力空间转移，促进新型的城乡产业结构和城镇体系的形成。它的主要任务是：采取全建的方式，在"城进乡退"战略实施下，逐步实现城镇合并，形成城乡一体化格局。

3.劳务输出带动模式

这类模式适宜推行的区域是人力资源丰富，但本身自然资源条件较差的地区。这种模式的主要特征是：把农村剩余劳动力转移到城镇中去，以此来提高劳动生产率，同时，将获得收益的一部分用来反哺家乡，反哺农村。它的主要任务是：搬迁并安置部分山区农村移民，实施村庄大规模整治，缓解人地矛盾。

（二）新农村建设主导型模式

新农村建设主导模式包括特色产业发展模式、生态旅游发展模式和专业市场组织模式三种二级模式。

1.特色产业发展模式

适宜这类模式发展的地区特征是：有生产特色产品的历史传统、有很强带动力的龙头产业、有一定量的市场需求，还有一些管理"能人"。这种模式的主要特点是：基于资源与技术优势，围绕特色种、养产品，推进专业化生产经营，实施"一村一品""一乡一业"战略。它的首要任务是：进行道路、河流、环境等基础设施建设，全面开展村庄整治。

2. 生态旅游发展模式

这类模式适宜推广的典型区域类型是：具有丰富的人文和自然资源，同时，与旅游景点配套的基础设施趋向于完善，例如餐饮、住宿和交通都比较方便。这类发展模式的显著特点是：以当地旅游资源为依托，以农村和农业为载体，集娱乐、观光旅游、体验和知识教育于一体，来大力发展农村旅游产业。它的主要任务是：全面展开村庄环境整治和培育有特色的产业，进行本地旅游资源的有效保护，并要配合实施大规模的基础设施建设。

3. 专业市场组织模式

区域条件优越、具有比较完善的基础设施配套条件和产业基础的地区可以参考此类发展模式。它的主要特征有：扩大市场网络、大力发展农村商贸流通服务业，以此来培育当地的农村中心市场区域，以市场促进产业产生、以产业来带动乡村发展。这种模式的主要任务是：优化服务网络建设和基础配套设施，营造优越的人文社会环境。

新农村建设与城镇化协调发展的本质要求各地应选择科学的、适宜的互动发展模式。因而可以确定新农村建设与城镇化互动发展模式的基本思路：一定要在科学分析和把握新农村建设与城镇化互动发展的动力系统基础之上，立足于当地的具体发展特征和发展条件来选择。

二、重庆市新农村建设与城镇化互动发展模式的选择

（一）城市辐射带动发展模式

城市辐射带动发展模式主要是指在城市郊区或周边地区，通过城市的辐射带动作用，自上而下地将城市系统延伸到乡村系统之中。随着在城市周边设立经济开发区、高新技术产业区、工业园区、城市新区等，城市的规模持续扩大，城市基础设施不断向外延伸，城市产业不断向外转移，以及在城市周边地区培育新的产业体系。

城市周边地区的经济得到快速发展，从而促进了城市周边地区的城镇化进程，也带动了城市周边地区的新农村建设。城市辐射带动发展模式的新型城镇化与新农村建设比较普遍，在特大城市和一般的大中城市周边都存在，在经济较发达的县城周围也比较明显，在有些地区还形成了卫星城镇或组团城镇。

城市辐射带动发展模式适合的典型区域就是当地城镇化进程快于新农村建设步伐的区域。例如长寿区，长寿的城镇发展水平位列第三名，而新农村

建设的水平位于第十四名,城镇和农村的偏差高达-11,说明它的城镇化进程和新农村建设严重不协调,此时,长寿就可以采用城市辐射带动发展模式,充分利用它的城镇经济较发达这一优势,不断在城市周边设立经济开发区,工业园区等来带动当地的新农村建设。

（二）城乡共建主导产业互动发展模式

这种互动模式的主要特征有：一是加快小城镇建设步伐,增强其对当地特色优势主导产业的带动功能；二是大力发展特色优势主导产业,建立完整的产业体系；三是加强科技服务和信息网络建设,用先进的技术和设备武装农业和农村；四是通过特色优势主导产业的发展推动小城镇建设和农民增收。这一模式实现新农村建设与城镇化互动发展的具体措施是：紧紧抓住特色优势主导产业不放,城乡统筹安排,合理分工,搞好农业科技示范园区、龙头企业、产业化中介组织、生产基地和农户的组织协调,大力推进制度创新、科技进步、信息化、市场营销体系建设等。这一模式的适合区域是当地新农村建设和城镇化基本能协调发展的区域。

随着重庆社会经济的快速发展,江津作为重庆主城的拓展区,不可避免地出现都市农业。在外环高速公路全面贯通的背景下,江津有超过200平方千米的面积进入外环以内。发展都市农业是江津统筹城乡发展的客观要求,同时江津也具备了发展都市农业的优越条件。江津立足区情统筹城乡发展,牢牢抓住城市辐射带动力弱的这个关键,城乡共建主导产业,以"特色产业集中发展"为抓手,壮大农村集体经济。在农村土地集中经营的基础上,江津区积极鼓励城市资本进入,通过流转土地,实现公司经营,集中发展现代农业。在重庆（江津）现代农业园区,现已集中农业企业30余家,晚熟柑橘、蓝莓、莲藕、食用菌等特色农业产业规模化发展,农村集体经济不断壮大,农民收入显著增加。江津区农业产业正在逐步实现区域化布局、专业化生产、一体化经营和企业化管理,农工贸一体化、产供销一条龙的现代农业产业化经营模式和产业体系正逐渐形成,农村集体经济不断壮大。江津的城乡统筹发展模式,是实现新农村建设与城镇化协调发展的重要而有意义的实践。

（三）资源开发促进发展模式

资源开发促进发展模式是指通过对某种资源的开发利用,带动当地经济发展,从而促进城镇化和新农村建设协调推进。根据资源的类型不同,又可以分为两种,一种是通过对矿产资源的开发,如煤炭、石油、铁矿等,依靠发展矿产经济,促进当地发展,从而带动新型城镇化和新农村建设。如黑龙江的大庆,山西的临汾等就是通过开发矿产资源来推进新型城镇化和新农村建设的。另一种是通过对旅游资源的开发，依靠发展旅游经济，促进当地发展，以实现新型城镇化和新农村建设的协调推进，如广西的阳朔、江苏的周庄等是通过开发旅游资源来推进新型城镇化和新农村建设的。

　　武隆区是可以采取此模式的典型代表。武隆区是一个旅游资源很丰富的地区，当地政府可以借助雄厚的资金、市场和技术条件来大力发展旅游产业经济。武隆区可以坚持以生态旅游型模式为导向，同时有效配合实施村容村貌、农村环境整治及统筹区域生态环境治理工程，弱化负向驱动力，必能促使新农村建设与城镇化的互动发展。重庆市其他的区县中旅游资源比较丰富的地区也可以考虑此种模式，或许可以为当地的新农村建设与城镇化协调发展开辟一条新的路径。

第六章 新时代背景下重庆市新型城镇化与农业现代化协调发展研究

第一节 重庆市新型城镇化与农业现代化发展现状分析

重庆市位于中国内陆西南部，长江上游地区，渝东、渝东南临湖北省和湖南省，渝南接贵州省，渝西、渝北连四川省，渝东北与陕西省和湖北省相连。2017年全年实现地区生产总值19500.27亿元，比上年增长9.3%。按产业分，第一产业增加值1339.62亿元，增长4.0%；第二产业增加值8596.61亿元，增长9.5%；第三产业增加值9564.04亿元，增长9.9%。三次产业结构比为6.9：44.1：49.0。非公有制经济实现增加值11924.69亿元，增长9.5%，占全市经济的61.2%。其中，民营经济实现增加值9832.61亿元，增长9.9%，占全市经济的50.5%。按常住人口计算，全市人均地区生产总值达到63689元（9433美元），比上年增长8.3%。

全市常住人口3075.16万人，比上年增加26.73万人，其中城镇人口1970.68万人，占常住人口比重（常住人口城镇化率）为64.08%，比上年提高1.48个百分点。全年外出市外人口482.31万人，市外外来人口167.65万人。

全年人口出生率为11.18‰，死亡率为7.27‰，人口自然增长率为3.91‰。全市常住人口性别比（以女性为100，男性对女性的比例）为101.74，出生婴儿性别比为108.58。

一、重庆市新型城镇化发展现状

（一）城镇化水平提高，但绝对值仍然很低

直辖以来，重庆市经济社会发展得到各方面政策支持而发展迅速。2002年到2007年，重庆市城镇化率低于全国城镇化率水平。2008年重庆市正式开始探索新型城镇化的发展路径，尤其是2012年国务院设立重庆市为全国统筹城乡综合配套改革试验区以来，重庆市经济保持高速增长，经济效益稳步提高，城市逐步扩张、辐射力显著增强。2002年，重庆的城镇化率为31%，低于全国平均水平接近1个百分点；到2017年，全国城镇化水平增加到52.57%，重庆城镇化率已经高于全国平均水平近5个百分点，可以看出，重庆城镇化以迅猛的速度发展。尽管重庆以1.6%的城镇化年增长率发展，并且高出全国平均水平，但是作为西部中心城市，对于将重庆建设成西部经济中心的目标而言，重庆的城镇化水平仍然偏低。

（二）产业结构日趋合理，但与就业结构偏差较大

直辖以来，伴随着经济的快速发展和社会事业的进步，新型城镇化进程以较快速度发展，重庆市的产业结构和就业结构也发生了相应变化。从产业结构变化情况来看，产业结构比从2002年的20.3∶43.1∶36.6转变为2017年的8.2∶52.4∶39.4，2017年全市非农产值比为91.8%，比2002年提高了12.1%。可以看出，重庆市第一产业比重不断下降，非农产业比重不断上升，产业结构日趋合理。第二产业的迅猛发展成为重庆市经济发展的主要组成部分，为吸纳农村剩余劳动力奠定了基础。根据"配第-克拉克定理"对产业结构变化趋势的描述：随着经济的发展，人均国民收入水平逐渐提高，第一产业占有的劳动力和国民生产总值的比重逐渐下降，第二产业占有的比重逐渐上升，经济进一步发展，第三产业的占有比重也开始上升。重庆市第二、三产业超过第一产业，第一产业比重逐年减少，第二产业呈持续稳定上升趋势，第三产业呈现先上升后下降的趋势，稳定性不强。可见，重庆市产业结构按照产值比重大小呈现出"二、三、一"的结构关系，处于工业化中期起步阶段。

但从就业结构变化情况来看，2012～2017年重庆市三次产业就业结构比由57.6∶18.3∶24.1转变为36.3∶25.9∶37.8，第一产业的劳动力就业比重不断下降，第二、三产业的就业人员比重持续提高，就业结构与产业结构呈现出均衡发展趋势；但各产业间人员转移的速度却相对缓慢，第一产业仍在就业结构中占据主导，从2012年到2017年第一产业就业比重下降21.3%，第二产业就业比重仅增加7.6%，与其自身产值贡献没有成正比，说明第二产业吸纳农村剩余劳动力的优势没有得到明显的体现。由此可见，重庆市产业结构与就业结构间仍显示出较大的结构偏差，新型城镇化的质量并未达到理想状态，今后的新型城镇化建设应加大对农业劳动力的吸收。

（三）经济总量迅速增长，但城乡发展不平衡

2002～2017年，重庆城乡经济的快速发展主要源于城镇化战略的有力

实施。地区生产总值由 1509.75 亿元上升至 11409.6 亿元，增长了 6.56 倍；人均生产总值由 5252 元增加到 38914 元，增长了 6.41 倍。近年来，重庆对周边地区的经济发展发挥了很大的牵引作用，逐步成为长江上游的中心城市。但尽管各项经济指标总量上去了，重庆市城乡之间的差距却越来越显著，仍未摆脱外界对其"大农村"的称号，呈现出典型的城乡二元结构。2002 年城乡居民家庭人均可支配收入分别为 5302.05 元和 1692.36 元，两者之比为 3.13∶1；2011 年城乡居民家庭人均可支配收入分别为 11569.74 元和 2873.83 元，二者之比达到最大为 4.02∶1；到 2017 年城乡居民家庭人均可支配收入为 22968.14 元和 7383.24 元，两者收入之比为 3.11∶1。城乡居民可支配收入两组数据之间的差距呈现出上升趋势，说明重庆还处于明显的城乡二元结构状态，凸显了城乡之间发展不平衡。

二、重庆市农业现代化发展现状

（一）农业现代化生产要素投入不足

重庆市区位优势明显，自然资源丰富，但农业现代化发展水平一直处于较低水平。直辖以来，重庆市政府加大对农业生产的财政投入，财政支农支出由 2001 年的 62534 万元增加到 2017 年的 290450 万元，增加 39.9 倍，由此带来农业生产条件的不断改善，但农业现代化生产要素投入仍然落后：农田水利化设施落后，重庆市近年来不但没有加大对水利设施的新建和投资，然而已有的因年数久远已被破坏得相当严重，近年来，重庆市积极发展节水灌溉，大力推进渠道防渗和管道浇水技术，提高了灌溉水利用率，有效灌溉率由 2002 年 25.52% 上升到 2017 年的 32.24%，但仍然低于全国平均水平；机械化开展困难，重庆市农业机械化装备水平和作业水平仍然很低，与全国相比差距很大，虽然重庆市单位面积农业机械总动力从 2002 年的 1.89 千瓦／公顷增加到 2017 年的 5.33 千瓦／公顷，但农业机械的结构性矛盾突出；耕地资源总体量少质量差，重庆耕地以丘陵、山地为主，防灾抗灾能力薄弱，人均耕地面积不到全国平均水平的三分之二，城镇化的快速发展，使得城市交通和工业企业占用了更多的农业耕地，耕地流失严重；农业现代化建设人力资本缺乏，重庆市农村人口众多，青壮年大多转移就业或外出打工，留守农民整体素质低下，掌握农业新技术的能力低下，农业劳动生产率较低。

（二）农业产出能力依旧薄弱

伴随着城镇化的发展及乡镇企业的异军突起，重庆市农业产出力逐渐提升，农业竞争力逐步增加，农业劳动生产率和农业土地产出率进一步提高，为城镇化和工业化发展提供物质基础，但总量仍然低于全国平均水平。重庆市单位农业劳动力创造的农业GDP大幅度提高，由2002年的3106元/人增加到2017年的15862.73元/人；农业土地产出率也明显提高，由2002年的12828.24元/公顷增加到2017年的43117.75元/公顷；农业供养能力稳步提升，由2001年的2.91人，增加到2017年的5.15人，但总体水平仍低于全国平均水平5.25人。

（三）农业综合生产水平总量偏低

直辖以来，重庆市农林牧渔业总产值不断提高，2001年为439.35亿元，增加到2017年的1463.71亿元，年均增长7.34%，农林牧渔业总产值一直保持稳定上升趋势。而粮食产量基本保持稳定，除2011年降至808.4万吨外，其他年份粮食总量基本都维持在1100万吨以上。可以看出，重庆市农业综合生产水平总量仍然偏低，近几年经济增长实力有一定的增强，但距离农业现代化基本实现阶段的农业发展水平有很大的差距。因此有必要进一步发展加大对农业的投入，实现农业现代化高水平的发展。

农业劳动生产率用农业总产值与第一产业从业人员数比重衡量，表示单位农业劳动力生产的产量；农业土地生产率用农业总产值与总耕地面积表示，表示单位耕地面积生产的产量。

农业供养能力采用总人口与第一产业从业人员数比重衡量，表示单位农业劳动力负担总人口数。

第二节 重庆市新型城镇化与农业现代化的综合评价

上一节分析了重庆市新型城镇化和农业现代化的发展现状，二者内涵丰富，单一维度的指标无法全面描述新型城镇化和农业现代化的特征，本节在前文基础上，从"两化"内涵和目标出发，选取较为全面和综合的多个衡量新型城镇化和农业现代化发展水平的指标，运用层次分析法（AHP）和因子分析法，对重庆市新型城镇化与农业现代化发展现状做出综合评价。

一、新型城镇化与农业现代化评价指标体系的构建方法

（一）评价指标体系构建的原则

新型城镇化和农业现代化之间的互动关系是一个多变量的、层次复杂的动态系统。重庆市新型城镇化和农业现代化评价指标体系的构建，要基于二

者发展目标的认识，分析、比较和选择影响新型城镇化和农业现代化发展的因素，使得指标体系结构清晰、内容全面、可行有效。为了使所建立的评价指标体系能系统全面、客观准确地反映重庆市新型城镇化和农业现代化的现状，构建重庆市新型城镇化和农业现代化评价指标体系应遵循以下几条原则。

科学性原则。一是指标的选择必须以新型城镇化和农业现代化的科学内涵为依据，准确把握评价指标的内涵，做到完备、不遗漏、不重复，力求反映新型城镇化和农业现代化的本质特征和基本要求；二是指标的选取要基于重庆市新型城镇化和农业现代化发展的现实基础，同时关注二者的发展趋势，力求每个指标都能够反映二者的现实状况和未来取向；三是要求指标含义明确，相对独立，指标计算方法具有规范性。

系统性原则。新型城镇化和农业现代化评价指标体系是一个复杂的有机整体，并不是各个评估指标的简单组合，而是应按照层次性和系统性把指标体系分为目标层、领域层和指标层等，坚持全局意识和整体观念，充分考虑各个子系统之间的相互关系。具体到各个指标的选取，要充分考虑静态指标与动态指标相结合，既考虑现实情况，同时关注发展性指标，并且这些指标具有内在联系，成为有机的整体。

可操作性原则。评价指标体系的建立要把握指标数据来源的可靠性、现实性和可获得性，在此基础上选取切实有效的评价指标。在评价指标的选取上，既要尽量选取各个子系统中具有显著代表性的主要指标，力求指标体系少而精，又要根据评价指标的较强的实用性目的和数据可获得的现实性，对于理论含义符合预期但在实际操作中难度较大的指标应放弃或者转而选取与其含义相近的指标来代替。此外，充分利用现有的统计资料和数据，尽量使所选指标数据具有规范性标准，最大限度地保证数据的可靠性和权威性。

（二）评价指标体系的测算方法

经过系统考量，本文将主观赋权方法与客观赋权方法相结合，选用层次分析法（AHP）和因子分析法来对重庆市新型城镇化和农业现代化进行综合评价，具体分为各层次权重确定和各层次得分运算。即新型城镇化和农业现代化各层次权重的确定采用层次分析法，各层次得分的运算采用因子分析法。

1. 层次分析法

层次分析法广泛应用于经济社会发展指标权重的确定，是由美国运筹学家 T.L.Saaty 在 20 世纪 70 年代提出，是将与决策有关的因子分解成目标层、准则层、方案层，在此基础上进行定性和定量分析结合的决策方法。其基本思想是，将复杂问题分解成多个层次，从上到下逐层比较判断两两指标间的相对重要性,根据比较结果建立判断矩阵,再通过计算判断矩阵的最大特征值和特征向量,得出不同指标重要程度的权数。

2.因子分析法

在对经济社会变量进行综合评价时,所选择的众多全方位、多层次指标虽然能够充分反映该因素所代表的信息,但这些指标相互之间不可避免地存在一定程度的相关性,带有一定程度的信息重复,从而使得系统整体的数据出现一定程度的重叠。因子分析(Factor Analysis,FA)采用降维的思想,是从研究相关矩阵或协方差矩阵内部的依赖关系出发,在保持数据原有信息的基础上,把具有错综复杂关系的众多原始指标变量转化成几个综合变量的多元统计分析方法。

二、新型城镇化综合评价指标体系的构建

(一)新型城镇化评价指标的选取

城镇化是伴随工业化和经济发展而出现的一种世界性的社会经济现象,是人类经济社会发展的重要标志和必然趋势,表现为劳动力从农村流向城镇、农业向非农业转化的动态过程。随着经济的发展,城镇数量逐渐增多,规模逐渐扩大,城镇化的标准已从数量的增加转变到质量的提升。新型城镇化是以实现城乡一体化为目标,以促进人的全面发展为核心,追求人口、资源、环境协调发展和高效发展的多元演变过程。重庆市作为中国统筹城乡综合配套改革试验区,是我国城乡二元结构的缩影。在构建重庆市新型城镇化水平综合评价指标体系时,除了要考量传统城镇化所包含的含义外,所选指标更需要符合新型城镇化的内涵和目标,以进行全方位的评价。依照上述评价方向,重庆市新型城镇化水平评价指标从经济发展、社会进步、环境优化和城乡统筹4个层面24个指标来构建。

(二)经济发展指标

新型城镇要求经济城镇化的直接推动因素是新型工业化,倡导经济发展"集约高效""以技术创新为推动力"。因此,从经济发展层面来看,具体所选8个评价指标:城镇化率;二、三产业就业人员占就业人员比重;人均国内生产总值;二、三产业占GDP比重;人均地方财政收入;城镇固定资产投资占总投资比重;单位生产总值能源消费量;专利授权量。

(三)社会进步指标

社会进步指标主要反映城镇聚集发展水平和城镇功能完善程度,是新型

城镇化发展所追求的重要目标。具体所选7个评价指标：城镇居民人均可支配收入；每万人拥有执业（助理）医师；每万人拥有医院、卫生院病床；每万人口中在校大学生；城镇居民家庭恩格尔系数；教育支出占财政支出比重；人均道路面积。

（四）环境优化指标

良好的生态环境是人类赖以生存和发展的基础。"资源节约""环境友好""低碳""绿色"是城镇健康发展的标志，也是城镇化可持续发展的重要保障。因此，在环境优化层面，具体所选4个评价指标：工业固体废物综合利用率；主城区环境空气质量优良天数比例；工业废水排放达标率；人均公共绿地面积。

（五）城乡统筹指标

城乡统筹是新型城镇化发展的根本目标，新型城镇化发展质量的提升主要是通过缩小城乡差距、统筹城乡发展来实现的。因此，所选指标要能够综合反映提高农村生活质量、缩小城乡生活水平差距，具体所选5个评价指标：非农业人口比重；农村城镇人均可支配收入比；农村城镇恩格尔系数比；农村城镇固定资产投资比；人均客运周转量。

三、农业现代化综合评价指标体系的构建与测度

（一）农业现代化水平评价指标的选取

农业现代化是通过将现代科学技术、现代物质装备、现代生产管理经验、现代新型农民培育运用在传统农业中，使得农业生产效率提高、农业经营管理方式升级、农民富裕化、农业生态环境优化的过程，其实质和最终目标是实现现代农业。在构建农业现代化水平评价体系时，应该综合考量农业生产投入和产出水平，农民生活条件水平和农业生态环境变化等方面因素。依照上述评价思路，本文从农业生产投入、农业产出水平、农业社会水平和农业生态环境4个层面来构建重庆市农业现代化评价指标体系。

1. 农业生产投入指标

农业生产投入是增加产量和农民收入提高的前提，是提高农业综合生产力的关键，是实现农业现代化的第一步。本层次选取6个农业现代化评价指标，劳均农业耕地面积、农业支出占财政支出比重、有效灌溉率、单位耕地面积农机总动力、第一产业从业人数（万人）、单位耕地用电量。

农业综合产出是判断农业现代化水平是否提高的最基本指标，包括劳动

力产出、土地产出、农产品产出等方面。本层次选取了4个主要评价指标：农业劳动生产率、农业土地生产率、劳均粮食产量、劳均肉类产量。

2. 农业社会水平指标

农业现代化的基本目标是提高农村居民收入水平，改善农村居民生活水平和生活环境，提高农民综合素质，改善农村落后面貌。本层次选取5个评价指标：第一产业就业比重（%）、农村居民家庭恩格尔系数、农村居民家庭人均纯收入、农村人均住房面积（平方米/人）、农村劳动力素质（初中以上）。

3. 农业生态环境指标

农业现代化发展必须保持农业生产的可持续性，同时还必须维持农业生产所需的生态环境平衡发展和抵抗自然灾害的能力。本层次选取4个主要评价指标：农业成灾率（%）、森林覆盖率（%）、单位面积化肥使用量、水土流失治理面积。

（二）农业现代化水平综合评价的测度

本节数据来源为《重庆市统计年鉴》《中国农村统计年鉴》及重庆市各年《国民经济和社会发展统计公报》，通过数据收集、整理和计算，先采用层次分析法确定各层次权重，然后通过因子分析法计算指标得分。

1. 各层次权重确定

重庆市农业现代化评价指标体系的目标层是农业现代化综合发展水平，四个准则层分别是农业生产投入、农业产出水平、农业社会水平和农业生态环境。在农业现代化发展过程中，农业生产投入的大小是农业现代化能否顺利推进的重要保障，由一定程度的生产投入带来农业产出水平的提高和农村社会发展的进步，农业产出和农民生活水平的提高是衡量农业现代化是否进步最直观的标准。随着农业现代化的进一步推进，农业生产与自然生态环境的依赖关系更加突出，可持续发展成为农业现代化的不可忽视的部门。鉴于以上分析并咨询相关专家意见，本文认为四个准则层的重要程度依次为农业生产投入＞农业产出水平＝农业社会水平＞农业生态环境。

2. 计算指标体系得分

本文使用SPSS20.0软件对重庆市农业现代化的发展水平做出综合评价。首先，对变量进行KMO检验和巴特利特球形检验以判断其是否适合进行因子分析。各准则层KMO值均大于0.5，巴特利特球形检验的相伴概率均为0.000，小于显著性水平0.05，因此拒绝检验的零假设，可以认为各准则层均适合做因子分析。

分别对农业生产投入、农业产出水平、农业社会水平和农业生态环境四个准则层进行因子分析，计算它们的因子得分。

然后，再以农业生产投入、农业产出水平、农业社会水平和农业生态环境的得分值为基础数，结合四个准则层的指标权重对数据进行线性加权，即得重庆市农业现代化综合发展水平得分情况及变化趋势。

（三）农业现代化水平综合评价体系的评价结果

从农业现代化系统综合得分来看，重庆市农业现代化发展一直保持稳定上升趋势，可以看到，2014年以前综合得分都小于0，说明这个阶段的农业现代化发展滞后，水平低下，小于考察期内平均水平。2015年开始，综合得分大于0并保持稳定增长，表明农业现代化开始迈向更高效、更集约的方式发展，除农业产出水平出现短期下滑以外，其他几个层面从2014年开始都呈现稳定增长的趋势。四个准则层中，农业生产投入和农业社会水平一直保持稳定上升趋势，表明重庆市逐渐加大对农业发展的重视和支持，农村居民生活水平和农村社会环境逐步得到改善。农业生态环境经历了先上升后下降再逐步上升的过程，说明2015年以前的经济社会发展带来的耕地面积减少、资源消耗等使得农业生态环境面临破坏的压力，而之后随着可持续发展的推进，农业生态环境逐步得到改善。

第三节 重庆市新型城镇化与农业现代化协调发展对策建议

农业现代化和城镇化是现代化进程中不可缺少的过程，二者协调发展，对于促进缩小城乡收入差距、保障社会秩序稳定、促进全面小康社会建成都具有十分重要的意义。前文分析显示，虽然重庆市农业现代化与新型城镇化处于良好协调状态，但农业现代化滞后于新型城镇化的发展，新型城镇化对农业现代化的拉力明显不足。因此，本节针对前文的分析结果，考虑到经济社会的可持续发展，探讨重庆市新型城镇化与农业现代化进一步协调发展的对策。

一、提升城镇聚集功能，壮大城镇主体力量

（一）强化城镇人口聚集，带动农村剩余劳动力转移

2017年全市常住人口3075.16万人，比上年增加26.73万人，其中城镇

人口1970.68万人，占常住人口比重（常住人口城镇化率）为64.08%，比上年提高1.48个百分点。全年外出市外人口482.31万人，市外外来人口167.65万人。重庆市农业人口多，底子薄，向城镇转移速度缓慢，大量劳动力的剩余导致资源浪费严重，因此必须大力推进新型城镇化建设，提高第二、三产业对农村剩余劳动力的吸收能力。一是要制定出适于劳动力转移的宏观政策。采取切实可行的措施支持小城镇中小企业的发展，如增大对小城镇中小企业的金融支持力度，重点支持农产品加工工业的发展，充分挖掘资源优势，提升小城镇的经济支撑能力，促进农村地区的非农就业，缓解主城人口压力。县政府要进一步规范和完善对劳动力市场的管理，创造合理的利于农村剩余劳动力进入城镇就业的体制和政策。三是加强城镇基础设施建设，完善社会保障制度，让进城务工人员与城镇人口具有平等的社会福利和相同的生活方式。四是要规范城乡劳动力市场秩序，加大对就业人员的培训力度，保障进城务工人员的合法权益。

（二）加强区域协调发展，形成新型城镇发展新格局

重庆市具有明显的区位优势，加强区域协调发展逐步巩固重庆市中心城市的地位，一是要充分发挥重庆在长江上游的区位优势和增长极优势，建立健全区域协作机制。加快建设成渝经济区，强化与武汉城镇群、南贵昆经济区、汉中经济区等的区域协作。二是按照做大做强"一圈"，特色发展"东南翼"，提速提档"东北翼"的要求，构建和完善城镇体系。对于主城区而言，按照国家中心城市目标，构筑长江上游经济中心，选择内涵式、集约式、网络化发展路径，与环主城卫星城镇群形成互补、协作的区域经济，增强作为中心城市的辐射带动功能。就"东南翼"而言，依托乌江、渝怀铁路和渝湘高速公路构成的发展轴，大力发展生态旅游业和生态农业，形成以黔江为核心，以秀山为主要节点，以酉阳、石柱等城镇为基础的城镇发展区。就"东北翼"来说，依托长江及沿江铁路，形成以万州为核心，以奉节为主要节点，以周边其他城镇为基础的城镇发展区，扩大各区城镇规模，提升城镇质量。

（三）优化产业结构升级，强化新型工业反哺作用

目前，影响重庆市新型城镇化与农业现代协调发展的重要因素是工业和服务业对农业剩余劳动力的吸纳能力不足，因此，必须加快产业结构的升级，强化工业化对新型城镇化和农业现代化的带动作用，一是要对产业结构进行战略性调整，从根本上将过去粗放式的经济增长方式向集约式增长方式转变。重庆市老工业基地设备老化，产品技术含量低，市场竞争力差，应加快对其改造升级。同时要充分利用丰富的剩余劳动力，加大对电子信息和能源产业

等高新技术产业以及服务业的发展力度。二是发展特色工业园区，增强发展后劲，推动城镇化与农村人口现代化的协调发展。结合100个"超亿元强镇"、40个区县"特色工业园区"和100个"区县商贸中心"的建设，利用各地资源优势，大力发展乡镇企业，使其成为带动当地农村经济和社会发展的载体。三是要发展城乡优势关联产业，促进城乡经济互动发展。结合各地资源优势和区位优势，发展特色优势农业、生态旅游业、金融业以及交通运输业等。

二、强化农业基础地位，大力发展现代农业

（一）加大农业基础设施投入建设，提高现代化装备水平

完善和先进的农业基础设施是传统农业改造成现代农业的基础。重庆市提高现代农业装备水平，一是要加大财政对于农业基础设施装备的支持力度，解决农业现代化进程中的资金短缺问题。可以建立农业发展基金制度，为农户进行生产筹集资金；建立政策性农业保险公司，承担农用风险。二是要加强现代高效节水灌溉体系，积极发展节水农业、循环农业，推动农业资源高效利用；强化土壤治污工程、小流域综合治理和环境灾害重点小型防治；提高农业机械装备水平，提高农业劳动生产率，实现规模化、集约化高效生产。三是加强农村生活基础设施建设，提高农村人口生活的便捷化程度。完善农村公路建设和安全饮水工程建设，持续推进农村电网改造，争取村村都能有网络覆盖。四是加强基本农田建设，提高耕地质量。

（二）完善新型农业经营主体体系，健全社会化服务体系

完善的农业经营主体是推进农业现代化的重要保障。一是探索与农民利益联结的多种经营模式。第一是可以由经营能手或种养大户牵头，带动农户参加合作组织，向其传授种植养殖管理经验，提高生产技能和农民组织化程度；第二是在农户具备一定管理技能基础上，进一步推进农户股份制合作，农户自愿组合、共同经营、共享利益、共担风险；第三是以龙头企业为依托，整合同类产品生产组织，推进"公司+农户"合作经济组织，提高资源利用率，提高农业生产专业化水平；第四是加大政府对各类专业经济组织的政策支持力度，对农业专业合作组织建设初期减征或免征营业税和所得税；第五是要采取土地集中承包的模式，改变一家一户的小农经济生产方式，实现农业产业化生产。

（三）建立健全农业科技进步机制，提高农业现代化水平

提高农业现代化水平的关键在于最新农业科技的有效利用。一是要鼓励

多方参与,形成农业科技资金投入的多元化。在稳定的政策投入的基础上,拓宽资金来源渠道,采用多种激励措施,鼓励企业、民营机构和社会力量对农业科技进行资金投入,为农户掌握农业科技提供资金保障。二是要增加农业科研投入,启动农业科研专项,形成以重庆市农科院、西南大学等科研院所以及具有研发部门的企业为主体的农业科研队伍,因地制宜,探索适合当地农业生产的新技术,掌握具有自主知识产权的农用核心技术。三是要加强对农民的基础教育和职业教育,定期组织农民进行技术培训,提高农民素质和技术水平,同时应该采取多种激励措施鼓励在外务工的青壮年返乡务农,使之成为农业新技术使用者的主力军。

第七章 低碳经济下的重庆城镇化实现路径研究

第一节 重庆建设低碳城市的历程与趋势

一、重庆城市建设目标的嬗变

（一）重庆城市建设指导思想的演变

总体上，重庆市的城市建设指导思想是顺应每一时期的国家发展战略。以下对比重庆市"十五""十一五""十二五"和"十三五"规划纲要，比较在不同的历史时期重庆城市建设指导思想的演变。

重庆市"十五"规划纲要是重庆市直辖后制定的，其指导思想贯穿着"西部大开发""加快发展""结构调整"等关键词，其核心是发展，强调实现国民经济持续、快速、健康发展和社会全面进步，力争把重庆建设成为长江上游的经济中心。

重庆市"十一五"规划纲要的指导思想中则强调了"科学发展观""以人为本""以经济建设为中心，用发展和改革的办法解决前进中的问题""转变发展观念、创新发展模式、提高发展质量"等全新理念，不再片面追求发展速度，强调全面协调可持续发展。

在重庆市"十二五"规划纲要的指导思想中以科学发展为主题，强调"加快转变经济发展方式""民生导向发展""统筹城乡改革"等发展理念，追求经济持续发展和社会和谐稳定，使全市人民共建共享改革发展成果走向共同富裕，在西部地区率先实现全面建设小康社会目标。

在重庆市"十三五"规划纲要的指导思想中强调"推进创新发展""推进协调发展""推进绿色发展""推进开放发展""推进共享发展""推进地方国家治理体系和治理能力现代化"等发展理念，坚持以人民为中心的发展思想，全面落实"四个全面"战略布局,坚持发展是第一要务,顺应发展大势、遵循发展规律、创新发展理念,围绕"科学发展、富民兴渝"总任务,加快转换发展动力,进一步提高发展质量和效益,进一步促进社会公平正义,进一步创新社会治理体系,统筹推进创新发展、协调发展、绿色发展、开放发展、共享发展,全面加强经济建设、政治建设、文化建设、社会建设、生态文明建设和党的建设,确保如期全面建成小康社会、开启社会主义现代化建设新征程。

(二)重庆城市建设基本目标的调整

1."十五"规划建设目标

"十五"期间,重庆市国民经济和社会发展取得显著成就,但仍然面临一些突出问题和主要矛盾,具体表现为:经济总量偏小,经济增长的基础比较脆弱,经济运行质量和效益不高;产业结构不合理,非公有制经济比重低,城镇化水平低,区域发展不协调;城乡就业面临新增劳动力、国有企业减员分流、农村剩余劳动力转移、三峡移民重新就业等多重压力,农民和城镇部分居民收入增长缓慢;生态建设和环境保护治理力度不够,可持续发展支撑条件较差;三峡库区移民和扶贫开发任务繁重;国有企业活力不够,要素市场发育不快,社会保障能力弱,政府职能还不完全适应发展社会主义市场经济的要求;对外开放度低。在制定"十五"规划时,重点考虑如何着力缓解经济和社会发展中的突出矛盾,争取在发展中加快解决这些问题。

重庆市"十五"规划纲要中制定的国民经济和社会发展的总体目标是:国民经济增长速度高于全国平均水平,实施西部大开发取得突破性进展,办好三峡库区移民、老工业基地改造、农村扶贫、生态环境保护和建设这"四件大事"取得重大成果,经济发展总体水平位居西部地区前列,人民生活明显改善。

2."十一五"规划建设目标

"十一五"期间重庆市经济社会发展取得巨大成就,是发展快、人民得实惠多、发生显著变化的五年。但是"十一五"期间重庆市仍处在"爬坡上坎、负重前进"的发展阶段。"十一五"时期是进一步"打基础、建平台、增后劲"的关键时期,是突破发展瓶颈制约和体制障碍的关口时期。

重庆市"十一五"规划中提出:要实现全市经济持续快速协调健康发展和社会全面进步,实现我市三步走战略的第二步目标。在三峡库区移民、老工业基地改造、农村扶贫、生态环境保护和建设这"四件大事"上取得新的重大成果。基本建成长江上游经济中心的总体框架。全面建设小康社会取得重要阶段性进展。经济规模、质量、效益迈上新台阶。社会基本公共服务基本健全均衡。经济体制改革在转变政府职能、构建公共财政、促进城乡协调、打破行业垄断、健全市场体系等关键领域取得重大突破,社会主义市场经济体制进一步完善。民主法制建设和精神文明建设取得新进展,社会治安和安全生产状况持续好转,构建和谐社会取得新的进步。

3. "十二五"规划建设目标

"十二五"时期重庆市委、市政府团结带领全市各族人民,抓住"314"总体部署、"国务院3号"文件、建设全国统筹城乡综合配套改革试验区、设立两江新区等重大历史性机遇,全面贯彻落实科学发展观,加快推进工业化、城镇化和城乡统筹一体化,妥善应对国际金融危机及重大自然灾害的不利影响,有效抑制经济运行中的不稳定不健康因素,提前实现"十二五"规划确定的主要目标,经济社会发展取得巨大成就。

重庆市"十二五"规划中提出与全面建设小康社会战略目标和"314"总体部署相衔接,综合考虑宏观环境和发展条件,设定经济社会发展的主要目标是:地区生产总值迈上万亿元新台阶,内陆开放、统筹城乡取得重大进展,民生改善成效显著;农民人均纯收入翻一番以上,城镇居民人均可支配收入增长75%。作为西部地区的重要增长极、长江上游地区的经济中心和城乡统筹发展的直辖市基本建成,在西部地区率先实现全面建设小康社会目标,使重庆成为特色鲜明的国家中心城市和居民幸福感最强的地区之一。

4. "十三五"规划建设目标

"十三五"期间,要保持经济社会平稳较快发展,提高发展质量和效益,建设城乡统筹发展的国家中心城市,确保如期全面建成小康社会、开启社会主义现代化建设新征程。

经济发展实现新跨越。经济保持年均增长9%左右,发展的平衡性、包容性、可持续性不断增强。到2017年,地区生产总值和城乡居民人均收入比2010年翻一番;到2020年,全市地区生产总值迈上2.5万亿元新台阶,人均地区生产总值达到7.5万元左右,城乡居民人均收入同步提升并力争达到全国平均水平。加快建设国家重要现代制造业基地,服务业比重进一步上升。加快建设国内重要功能性金融中心,金融结算、金融交易、资金融通、保险保障、金融普惠等功能更加凸显。加快建设西部创新中心,创新驱动发展能力显著增强。加快建设内陆开放高地,与国际接轨的内陆开放型经济新体制更加健全。经济发展方式转变和经济结构战略性调整取得重要进展,充分发挥西部开发开放战略支撑功能和长江经济带西部中心枢纽功能,基本建成长江上游地区经济中心。

民主法治建设迈出新步伐。民主制度更加健全，民主形式更加丰富，人民群众权益得到充分尊重和切实保障，积极性、主动性、创造性进一步发挥。科学民主决策制度更加健全。全面依法治市深入推进，政府职能转变取得显著进展，基本建成法治政府和服务型政府，司法公信力明显提高。

文化进一步繁荣发展。中国梦和社会主义核心价值观深入人心，城乡居民科学文化素养和健康文明素质普遍增强，向上向善、诚信互助的社会风尚更加浓厚，社会公德、职业道德、家庭美德、个人品德水平显著提高，城市整体文明程度明显提升。文化事业和文化产业快速发展，文化产业增加值占地区生产总值的比重达到4%左右，文化软实力显著提升，文化强市建设深入推进。

生态文明建设全面加强。生产方式和生活方式绿色、低碳水平明显提升。能源利用效率不断提高，单位地区生产总值能耗、单位地区生产总值二氧化碳排放强度进一步降低，主要污染物排放总量持续减少。长江干流水质总体稳定在Ⅲ类，主城区空气质量优良天数比率达到82%，森林覆盖率稳步提高至46%。生态环境质量明显提升，建成生态文明城市。

社会治理创新取得新成效。完善社会管理体制，优化社会治理格局，充分释放社会组织活力，构建起高效便捷的网格化管理和社会化服务体系、畅通有序的社会矛盾调处和权益保障工作体系、全方位立体化的公共安全体系，推进社会治理的精细化、科学化和法治化，人民群众的安全感、满意度显著提升。

人民生活水平迈上新台阶。物价保持基本稳定。就业比较充分，累计新增就业300万人左右。就业、教育、文化、社保、医疗、住房等公共服务体系更加健全，建成更加公平可持续的社会保障制度，初步实现基本公共服务均等化，不断提高人民生活质量、健康水平和文明素质，获得感、安全感、幸福感显著增强。到2017年，基本实现我国现行标准下农村贫困人口脱贫，贫困区县（自治县）全部"摘帽"，基本解决区域性整体贫困。

二、重庆建设低碳城市的轨迹

（一）重庆建设低碳城市的原始时期

这段时期为1949年到直辖后的1997年，重庆在这段时间采取的是非均衡的重工业优先发展政策，机械、冶金、化工等重工业基础比较雄厚，重工业占规模以上工业增加值的比重大约65%左右，是支撑工业增长的重要力量。但是这种发展模式在一定程度上抑制了第三产业的发展，从而造成国民经济比例失调。如今，重庆虽然不断进行工业结构调整，但由于惯性作用，重工业优先所带来的影响仍将继续存在，重工业仍然在一段时间内是重庆市的主导产业。

在这段时期，重庆的城市化进程发展较为缓慢，直到成为直辖市前的1996年，重庆的城市化率仅为29.5%。城市化进展缓慢也与这段时期过于重视重工业的发展政策有关。因为城市化是农村的农业人口向城市的非农业人口的转移过程，也是产业结构以第一产业为主逐渐向以第二、三产业为主的转移过程，但是重工业属资本密集型产业，它对劳动力的吸纳能力不高，第三产业作为劳动力的"蓄水池"在重庆发展长期不足，导致大量的农村剩余劳动力滞留于第一产业，制约了城市化的发展，使城市化水平和工业化水平不同步。直辖后由于经济结构调整，工业化水平逐渐下降，城市化水平上升，致使城市化和工业化的偏离度减小。

这段时期重庆的城市和经济发展伴随着高污染和高能耗，是当时中国污染最严重的城市之一。就城市发展的模式和特征而言，距离低碳城市相去甚远。

（二）重庆建设低碳城市的萌芽时期

这段时期大约为直辖后的1997年到2010年，重庆市相继实施"清洁能源工程"和"五管齐下净空工程"。投入了13.6亿元，包括重庆主城的燃煤设施改用天然气等清洁能源、关闭采（碎）石场、机动车排气污染控制、裸露地面绿化及硬化、重点污染企业治理等污染整治任务。共减少燃煤200多万吨，减排二氧化硫11.1万吨。同时，大力推进民用"煤改气"，数百万重庆市民从此告别了煤烟时代。

2007年国务院提升了重庆定位："重庆是我国重要的中心城市、国家历史文化名城、长江上游地区的经济中心、国家重要的现代制造业基地、综合交通枢纽、城乡统筹的特大型城市。"通过中央对重庆市的城市定位的调整、升级和直辖等一系列政策的支持，重庆在城市建设、经济秩序、投资环境等诸多方面，有了令人瞩目的跨越式发展。

国家对重庆的定位由"全国重要的工业基地"提升为"国家重要的现代制造业基地"，标志着重庆进入新型工业化发展阶段。新型工业化是指以信息化带动工业化，以工业化反过来促进信息化，走科技含量高、经济效益好、资源和能源消耗低、环境污染少、人力资源优势能够得到充分发挥的工业发展道路。重庆新型工业化在本质上与党确定的新型工业化道路一致，在具体内容上带有自身的特征，主要表现在：重点发展以生物医药产业、环保产业和信息产业为核心的高新技术产业。重庆的上述产业领域在西部发展较快，具有广阔的发展前景和相对的领先优势，同时与重庆传统产业如机械制造、化工医药、纺织业等存在密切的联系，有利于加快促进重庆传统产业的改造升级；发展能大幅提高技术含量及附加值的传统产业。重庆在汽摩、天然气化工和精细化工、机械装备制造、现代中药生产和农副产品加工等方面具有较强的实力，这些行业能够广泛地接纳和吸收高新技术产业带来的成果，提升产业科技含量和经济效益；把劳动密集型、资金密集型和技术密集型产业结合起来，走低污染、高就业的新型都市工业化发展道路。

随着重庆市由传统工业化向新型工业化道路转变，城市化率也得以迅速提高。截至2017年，重庆市的城市化率达到64.08%，远高于直辖前的城市化水平29.5%。

这段发展时期，重庆的城市建设和经济发展出现了低碳发展的萌芽，但是还没有把低碳发展作为一个系统工程全盘规划，一些政策措施仅限于解决当前最紧迫的环境污染和能源消耗问题，重庆总体上仍然按传统模式发展。

三、重庆试点低碳城市建设

2010年8月，国家发展和改革委员会将重庆市列为全国13个低碳试点省市之一，将加快建立以低碳排放为特征的产业体系，积极倡导低碳绿色生活方式和消费模式，为全球应对气候变化做出贡献。重庆市进行低碳试点的总体思路是：以控制温室气体排放、降低单位GDP碳排放强度、节能增效、生态环保为目标，从体制机制、产业体系和产品供需市场以及人们的消费模式和生活方式等方面，创新并积累低碳试点经验。并最终逐步形成政府主导、企业为主体、市场调节多元投入、全社会共同推进的低碳发展格局。目前，重庆市在规划编制、产业结构调整、清洁化能源体系构建、低碳产业集聚、林业碳汇增创以及低碳国际合作等方面已经取得了一定成效。

（一）政策措施

2006年以来，重庆市围绕总量减排制定了《建设项目主要污染物总量指标管理办法》《关于进一步完善主要污染物总量减排计划管理工作机制的函》《主要污染物总量减排实施意见》《关于加强城镇污水处理厂污染减排核查核算工作的通知》《主要污染物总量减排预警制度》和《主要污染物总量减排考核办法》等众多制度，确保了总量减排工作顺利开展，确保了目标任务完成。另外，还制定了《产业结构调整指导目录》《耗能设备淘汰目录》《固定资产投资项目节能评估和审查办法》，指导产业结构的调整和高耗产业的淘汰。

（二）优化能源消费结构

重庆已经初步构建了水电、生物质能源、风电、垃圾焚烧发电、农村沼气等多样、安全、清洁、高效的能源供应和消费体系，非化石燃料电力装机容量比重远远高于全国平均水平。垃圾焚烧发电、车用工业乙醇汽油添加、风力设备制造等技术在全国处于先进水平。

（三）进行产业结构调整

重庆市正处于从一个老工业城市向亚洲最大的 IT 产业基地转型的时期，以低碳为标准进行产业的垂直配套切合重庆的实际。在产业结构调整方面，重庆已经超额完成了国家淘汰落后产能目标任务。当前，正在加快建设全国最大的笔记本电脑基地和离岸数据开发处理中心。节能环保、新能源汽车、风电装备制造、太阳能光伏、LED 灯具制造等 5 大低碳产业集群初步形成。

（四）建设低碳重庆

重庆市在造林工程方面也取得了突出成就。2009 年，通过实施城市、农村、通道水系和长江两岸 5 大森林工程，重庆市完成森林工程建设任务 578 万亩，已完成总体规划的 36%，新造林占全国当年新造林的 6%。到 2017 年，重庆的森林覆盖率达到 45.4%。初步估算，森林每年固碳量为 580 万吨，折合减排二氧化碳 2127 万吨。

（五）建筑节能

2008 年 1 月 1 日，重庆在全国率先颁布施行建筑节能的地方性法规——《重庆市建筑节能条例》，将国家机关办公建筑和大型公共建筑列为重庆建筑节能改造的重点，并使其纳入法制化轨道。此外，重庆还在全国率先施行了建筑能效测评和标识制度，实现了建筑节能的闭合管理，大幅提高了政府主管部门对建筑节能的监管力度。

鉴于重庆市客观条件的约束性，经济发展加快所带来的生态环境压力将会越发严峻。"十二五"初期，重庆的万元 GDP 能耗是 1.33 吨标煤，2015 年降到了 1.06 吨标煤，下降了 20.9%。而依据国家对"十三五"期间能源消耗设定的新标准，重庆还需要将这一数字再下降 16%。重庆市还将通过财税、投资、用地、市场等一揽子政策措施，鼓励低碳经济发展和低碳技术推广应用。

四、重庆建设低碳城市的趋势判断

（一）影响重庆建设低碳城市目标的主要矛盾

1. 经济增长与降低碳排放量的矛盾

重庆作为中国五大中心城市之一，肩负了西部大开发、城乡统筹发展等重任。同时，重庆也是中国五大中心城市中经济最不发达的城市，工业化和城市化进程相对滞后，未来的发展压力巨大。

重庆处于工业化的中前期，目前是我国能源消耗最大的城市之一，根据环境库兹涅茨曲线，在未来几十年，随着经济的高速发展，城市化进程的不断加速，按照传统发展模式必将伴随着能源的大量消耗、温室气体的大量排放，以及对环境的破坏。因而，如何在城市化水平不断提高和经济快速发展的同时，降低碳排放量，正确处理经济增长与降低碳排放量的矛盾，实现低碳城市的发展目标，对重庆将是一个严峻的挑战。

2. 经济增长的"快"与"好"之间的矛盾

重庆市自直辖以来一直强调经济"又快又好"发展，偏重经济增长速度，虽然"又快又好"中包含着兼顾提高经济增长质量的理念，但在实践中，很难避免更重视速度和规模，而忽视发展的质量。因而在经济增长过程中付出了环境代价、积累了社会矛盾等，在经济总量规模小、综合实力不强、技术水平不高、保护资源环境意识不强、渴望快速提高生活水平的阶段和条件下，发展速度的快慢就是主要矛盾，在建设中就需要集中力量保速度，这无疑是当时经济发展形势的需要。经过多年来改革开放，重庆步入了工业化、城市化、市场化和国际化快速发展的新时期。国企改革使经营管理机制发生了根本性改变，民营经济不断壮大，外商投资长足发展；市民居民收入快速提高，消费结构快速升级；对外开放程度不断深化，在这种情况下，速度不再是主要矛盾。在经济总量不断攀升的情况下，经济和社会发展的"质量"就变成进一步发展需要解决的主要矛盾。

在转变发展方式的新形势下，就必须抛弃过去的速度至上的指导思想，以提高经济的增长质量为前提。不仅要提高投入产出效率，还要显著地提高能源使用效率和劳动生产率，更要促进人的全面发展、社会的和谐进步以及提高可持续发展能力。

3. 倡导低碳生活方式与公众低碳意识薄弱之间的矛盾

倡导低碳生活方式是低碳城市建设的重要内容之一，但"低碳"对于重庆的普通市民很大程度上还仅是一个名词，公众对于低碳社会的认识水平依然较低，2015年中国社科院进行了公众环境意识调查，仅有41%的被调查者知道温室气体和温室效应。2017年的调查也证实了这一结论,被调查者认为普通民众对气候变化负有责任的只有6%。世界银行的调查数据显示,仅有28%的被调查者认为气候变化问题严重。以上调查都说明重庆要建设低碳城市,必须在公众宣传、教育以及积极引导公众消费和生活方式转变方面开展大量研究和实践工作。

(二)重庆建设低碳城市的基本趋势

1. 环境库兹涅茨理论(EKC)

经济学家格鲁斯曼等人于20世纪90年代,在分析了42个国家的截面数据后,发现当某国或某地区处于较低的经济发展水平时,环境污染的程度也较轻;随着人均收入的不断增长,环境污染程度也由低增高;但当经济发展水平到达一定的临界点后,随人均收入的增长,环境的污染程度会由重变轻,总体上呈现出一种倒"U"形变化趋势。这种环境质量与经济增长两者之间的先变坏后改善的现象称为"环境库兹涅茨曲线"。

环境库兹涅茨曲线可从两个方面解释。一是在相对贫困的经济不发达地区,人们对环境的需求远远比不上对其他物质商品的需求,从而导致人们缺乏保护环境的意识,造成环境的恶化;而当经济发展水平到达一定程度后,人们更加重视生活的环境质量,对环境这种"商品"的需求大大增加,从而加强了对环境的保护,这种解释是将环境赋予商品的性质来进行讨论。

另一种解释是技术效应。随着收入水平的提高,经济规模日益增大,资源投入的需求不断增大,造成能源被大量消耗、二氧化碳与废弃物的大量排放;然而当经济水平发展到一定程度后,产业结构从以能源密集型为主向技术密集型产业与高端服务业转变,温室气体和污染物的排放都大大减少,加上清洁能源大量使用,使环境的质量大大改善。

2. 重庆建设低碳城市的基本趋势判断

根据环境库兹涅茨曲线,一个国家或地区随着经济的发展、碳排放总量、人均碳排放和碳排放强度都经历先升后降的过程。在这个过程中,碳排放强度首先达到峰值,其次是人均碳排放量,最后是碳排放总量。尽管各个国家和地区的发展路径不同,三个指标出现峰值的时间不同,但这种规律是存在的。

重庆市目前处在城市化和经济发展的快速推进阶段,城市的经济总量和人口规模都呈现快速上升的趋势,碳排放总量和人均碳排放量处于上升阶段,而碳排放强度处于下降的阶段,其基本趋势符合库兹涅茨曲线。

重庆市未来低碳城市建设的成效将取决于采用降低碳排放总量还是降低

碳排放强度作为建设目标。采用降低碳排放强度作为低碳发展目标符合库兹涅茨曲线，也易于反映城市为低碳发展所做出的努力。但是如果采用降低碳排放总量和人均碳排放作为城市低碳发展的目标，将加快库兹涅茨曲线向下转折的时间节点的到来。

第二节 重庆建设低碳城市的问题分析

一、重庆建设低碳城市存在的主要问题

（一）缺乏低碳城市建设完整规划与设计

低碳城市规划设计是建设低碳城市的行动指南和路线图，必须具有先导性、科学性、可操作性，它对于低碳城市建设的作用至关重要。低碳城市规划设计应分为两个阶段，在总体规划阶段从决策源头和宏观层面上确保城市的低碳发展，在详细规划阶段则从具体操作层面上实现低碳设计。

自 2010 年 8 月重庆市列为全国低碳试点城市以来，重庆市尚未出台低碳城市建设的完整规划与设计。重庆发改委给出的重庆市低碳试点建设思路是与产业结构调整、城市规划建设、推进科技创新相结合，提升节能环保等新兴产业比重，加快发展低碳交通和绿色建筑、绿色照明，加强低碳技术的研发应用，努力建设低碳重庆。

重庆未出台低碳城市建设的完整规划与设计，说明重庆建设低碳城市的目标尚不够明确，认识上可能还存在偏差。

（二）各级政府没有做到协调一致

尽管重庆市委市政府下决心建设低碳城市，并成功成为全国试点省市之一，也提出了建设低碳城市的基本思路。但区县政府为加快发展当地经济，在招商引资的过程中，过多考虑经济方面的因素，而对引进项目的能耗水平、能耗效率了解较少，造成火电、水泥、电解铝、重化工等高耗能行业在部分区县发展较快，导致这些区县能耗强度也快速增长。2007 年万盛区恒泰发电厂建成投产，使该地区单位 GDP 能耗上升 13.448%。丰都县一天然气化工公司建成投产，造成该县单位 GDP 能耗上升 8.0%。2015 年一季度已经签约的 23 个市级重点招商项目中有 7 个是高耗能项目，包括万州化工产业基地项目、万盛煤电化基地项目、綦江 10 万吨电解铜项目、合川新型干法水泥项目和忠县海螺水泥项目。

（三）低碳能源推行困难

1. 重庆市太阳能和风能资源匮乏

重庆地区属于我国太阳能资源匮乏的五类地区。其中一类地区全年日照时数为 3200～3300h。在每平方米面积上一年内接受的太阳辐射总量为 6680～8400MJ，相当于 225～285kg 标准煤燃烧所发出的热量。而五类地区全年日照时数为 1000～1400h。在每平方米面积上一年内接受的太阳辐射总量为 3344～4190MJ，相当于 115～140kg 标准煤燃烧所发出的热量。

在 20 世纪全国进行的风能评估中，重庆与四川地区一样，被列为风能贫瘠区。由于太阳能和风能资源比较匮乏，重庆地区在提高可再生能源使用比例上面临较大的困难。

2. 新能源技术人才匮乏

新能源产业的快速发展和广阔前景造成了人才的巨大缺口，越来越多的新能源生产企业感受到人力资源的巨大压力。以太阳能产业为例，自太阳能产业诞生起，人力资源问题一直制约着产业的发展，是长期困扰太阳能企业生存发展的焦点问题。

尽管新能源专业人才严重匮乏，但是至今国内很少有高校系统地开设新能源专业，影响了我国新能源技术和产业的发展。因此，重庆市自主培养新能源方面专业技术人才已成为当务之急。重庆地区要吸引发展新能源技术与产业，吸引相关企业在重庆建立研发和制造中心，必须花大力气在高校中开设新能源学科，培养多层次的新能源专业技术人才。

（四）低碳交通实施难度较大

低碳交通体系是低碳城市建设的重要内容。2010 年，重庆被纳入全国低碳出行示范项目试点城市，作为全市践行低碳交通出行的示范项目之一，北部新区自行车系统专项规划及示范项目提出，未来北部新区将形成"两个网络、一个特色"的自行车交通系统，规划自行车网络 150 千米，布局公共自行车服务点 75 处，同时在大竹林江与城片区、竹林康居选取了天山大道等 4.2 千米道路建成示范段，建设内容包括自行车道铺装、人行道改造、绿化改造、公共自行车服务点安装等。但北部新区的上述举措并不能从根本上改变重庆低碳交通实施难度大的现状。

1. 快速城市化进程下交通压力巨大

随着重庆经济的迅速发展，城市化进程加速，城市规模的扩大，使得市民平均出行距离大大增加，交通压力也随之增大。

2. 山城地形制约交通工具低碳化

重庆受地形条件的制约，道路坡度相对较大，如主城区道路20%以上纵坡达到或超过极限坡度（8%），而重庆东北和东南等山岭重丘地区的道路条件更加恶劣，这就限制了自行车在重庆的推广使用，也是导致重庆车辆能耗水平高于全国水平的主要原因之一。

3. 机动车快速增加导致交通拥堵

低碳交通提倡乘坐公共交通工具，但是由于生活水平的提高，市民出行方式出现了由公共交通向私家车辆转化的趋势。据重庆市交管部门的统计，重庆市的机动车保有量从2010年的一百万辆增加到2015年的两百万辆仅用了五年时间，其中私家车比例达到八成。私家车的快速增长使道路设施的增长无法匹配，超出了城市道路空间的承受极限，造成交通拥堵常态化。

（五）市民低碳意识淡薄

低碳重庆的建设要求市民以低碳生活为理念和行为特征，但是重庆普通市民低碳意识淡薄是普遍现象。少数市民对低碳生活甚至有抵触情绪，他们认为低碳生活是回到落后状态的生活，还有一些市民把低碳简单地认同为节约。需要明确的是，低碳不是以牺牲生活品质和发展水平的低燃放、低能耗、低污染。建设低碳城市一方面要低碳，另外一方面还要实现生活品质的提高和经济发展的目标，应该是低碳和经济之间的一个双赢。

另外，虽然低碳城市建设需要市民践行低碳生活方式，但是改革开放40年以来，生产力的发展和收入的增加使重庆市民的物质消费欲望得到了释放，奢侈消费和物质追求的攀比很难得到抑制，使低碳生活方式的推行受到极大的阻碍。比如，在发达国家的百姓以开小排量汽车为荣时，重庆的越野车销量却节节增加。

低碳生活和低碳消费是低碳发展的根本，因为生活方式和消费方式对生产有一种引导和推动作用。如果选择低碳产品的消费者成为消费主体，技术创新、企业生产和储藏运输等活动都会向低碳化方向转变，以提高竞争力。

二、重庆建设低碳城市存在主要问题的影响

（一）低碳城市建设目标的实现难度加大

建设低碳城市是一项系统工程，需要规划先行，把低碳理念和实现途径贯穿到城市规划编制中，通过发展低碳产业、推行低碳交通、优化能源供给和倡导低碳生活方式等手段，城市各部门的通力协作与配合，实现低碳城市

的建设目标。联合国气候变化专业委员会的调查数据显示，工业、能源、建筑、交通是碳排放的四大主要来源。城市的规划和建设政策会直接影响上述四个方面在控制碳排放中的表现。

重庆现在面临的情况是规划尚未形成、能源结构优化的潜力不大、低碳交通受地理地形制约、低碳生活方式与传统相悖，这就使重庆市实现低碳城市建设目标的难度加大。

重庆有其他十二个低碳试点省市不同的自然地理环境特点、工业和经济发展基础，这就要求重庆市在编制低碳城市规划时从重庆市的实际情况出发，不能面面俱到毫无特色，必须在发展低碳产业、推行低碳建筑和增加森林碳汇上加大力度，走有重庆特色的低碳城市建设道路。

（二）低碳城市试点的示范作用削弱

重庆作为中国低碳试点建设省市之一，具有极强的示范效应。低碳试点是在全国率先探索中国工业化城镇化快速发展阶段既发展经济、改善民生又应对气候变化、降低碳强度的成功做法，积累低碳绿色发展的有益经验。试点省市在低碳建设上的成效，将直接影响其他省市建设低碳省市的积极性。

如果重庆不能很好地解决低碳城市建设中存在的问题，将使其他地区产生畏难情绪，甚至会使人认为低碳城市在中国的现阶段无法实现，使低碳试点在全国的示范作用大大削弱。

三、重庆建设低碳城市存在主要问题的原因分析

（一）城市发展总体水平落后是直接原因

重庆市2017年GDP在全国31个省市中排名第19位，处于中下水平。2010年～2014年，重庆市社会发展水平居全国31个省市地区的第11名。无论是三个产业的发展水平还是城市化水平，重庆市与其他三个直辖市及沿海发达地区相比，均有较大差距。

重庆肩负着振兴老工业基地的重任，正处于向新型工业化和城市化转型时期，第二产业占比较大，碳减排任务艰巨。从产业结构变化情况来看，产业结构比从2002年的20.3∶43.1∶36.6转变为2017年的8.2∶52.4∶39.4，2017年全市非农产值比为91.8%，比2002年提高了12.1%。可以看出，重庆市第一产业比重不断下降，非农产业比重不断上升，产业结构日趋合理。相比第一产业和第三产业，第二产业对经济增长的贡献显著，贡献率达52.8%，拉动经济增长7.6个百分点，说明重庆经济发展仍以第二产业为主。第二产业

的发展对能源有较高的消费强度，容易导致二氧化碳的排放量处于高位。其次，重庆的第一产业中的农业还是比较粗放式的发展模式，甚至可以称之为"高碳农业"。第三产业在三大产业中所占比例不高。城市总体发展水平不高造成低碳发展政策推行不利。

重庆市的发展总体水平决定了其仍处于环境库兹涅茨曲线的向上爬升阶段，也就是碳排放总量和人均碳排放量持续增长阶段。工业、交通和市民消费产生的碳排放量还将在一段时期内持续增长。

财政收入总量较小，难以对低碳发展提供足够的资金支持。低碳发展需要巨额的资金投入，仅在十二五期间中国全社会在节能减排和低碳发展方面的投资就超过2万亿。工业、建筑、交通和居民生活领域节能改造的投资中有一定比例不会产生资金回报或成本回收期较长，需要政府的资金支持。

低碳技术水平和新能源产业技术水平低下，难以对低碳发展提供足够的技术支持。重庆市的低碳科研体系和生产体系还存在不少亟待解决的问题：产品开发能力低下，企业自主创新能力不足，缺乏核心技术和自主的知识产权，科技投入较低，无法形成一个集科研、生产、销售和服务为一体的完整链条。如果单纯地以碳减排为核心，把工作重心完全放在发展清洁能源上，那么重庆市就不得不依靠商业渠道、花费大量外汇引进国外先进技术，这对重庆市财政将是一个沉重的负担。

（二）对低碳城市建设的重要性认识不足是主观原因

重庆目前缺乏低碳城市的完整规划与设计，各级政府在低碳发展方面没有做到协调一致，以及市民低碳意识淡薄，这些现象都说明目前重庆市部分官员和普通市民对低碳城市建设的重要性认识仍然不足。目前多数人对低碳城市建设的认识只停留在"节能减排"和"发展新能源"，尚未对未来低碳发展带来的机遇与挑战有清晰的了解，存在认识上的误区。

有些人认为建设低碳城市，限制二氧化碳等温室气体排放量将会制约经济的发展，这是一种常见的错误认识。未来低碳经济将会成为世界经济的发展引擎，发达国家已经将发展低碳经济置于国家战略高度，不仅为了推动环保和应对气候变化，还希望通过开发、应用和输出低碳技术来创造新的商业和就业机会，在未来的低碳产业中占据先机。如果重庆能够抓住机遇，抢占先机，发展低碳经济，将会促进经济健康和可持续发展。

认为建设低碳城市是政府部门的事情，与老百姓关系不大，这是很多市民的认识误区。事实上，建设低碳城市不但是政府部门的事情，也是与我们每个人切身利益紧密相关的事情。

认为建设低碳城市是未来的事情，目前的主要任务还是保经济增长，这是缺乏紧迫性的认识误区。事实上，建设低碳城市对重庆来说是一项紧迫任务。重庆不但总体发展水平落后于沿海发达地区，而且资源的利用效率低于国内先进水平。粗放式的高碳经济发展模式难以为继，要保证经济健康可持续发展，必须尽快转变经济发展模式，积极发展低碳经济和建设低碳城市。

（三）地理自然环境是客观原因

重庆全市地处川东地区，地貌以山地和丘陵为主，坡地面积较大，是闻名于世的山城。重庆独特的山城地形造成道路互通性不足，机动车油耗超过全国平均水平，使得交通总体能耗居高不下。重庆年日照时数1000～1400小时，日照百分率仅为25%～35%，为全国年日照最少的地区之一，秋、冬季日照更少，仅占全年的35%左右。在20世纪全国进行的风能评估中，重庆与四川地区一样，被列为风能贫瘠区。山城地貌、太阳能和风能资源匮乏是重庆独特的地理自然环境，是对重庆实现低碳交通以及增加可再生能源使用比例不利的客观原因。

地理自然环境不利客观因素的存在，更需要重庆市精心谋划，加大技术研发投入力度。适度发展生物质能发电、地热发电、水力发电等可再生清洁能源；科学地进行交通道路规划，增强道路的互联互通；大力推广纯电力驱动、混合动力、天然气等新能源汽车，减少对石油的依赖；强化其他的如工业、农业、民用等领域的减排力度，以使整体碳排放强度不断下降。

第三节 重庆建设低碳城市的思路与对策

一、重庆建设低碳城市的基本思路

（一）确定合理的低碳城市建设目标

确定合理的重庆建设低碳城市的目标，应采用脱钩发展理论，明确重庆所处的发展阶段。经济发展与碳排放量脱钩是指经济增长的同时二氧化碳排放不断减少。回顾世界发展过程不难发现，世界经济的发展在很长一段时期内与能源保持着一种近似正比的关系。但是伴随着技术革新与经济发展到了一定阶段，经济与能源之间出现了脱钩的现象，脱钩分为相对脱钩与绝对脱钩。其中，当经济增长率大于二氧化碳排放增长率，称为相对脱钩；二氧化碳排放减少而经济依然保持增长，称为绝对脱钩。重庆的经济增长速度大于能源需求的增长速度,且能源消耗总量是逐年增加的。按照脱钩理论,我们可以得出重庆现阶段正处于相对脱钩阶段。

以碳排放为度量,低碳城市建设有三种建设目标:第一是没有二氧化碳的排放,即零排放;第二是绝对排放量的减少;第三是GDP的增长速度大于二氧化碳排放的增长速度,即降低碳排放强度。对于不同的城市,应该确定不同的发展目标。对于重庆市这一类处于高速发展中的城市,应该在第一个建设阶段采取第三种建设目标,即在满足发展的前提下逐步降低碳排放强度,在此基础上逐步实现城市经济发展与碳排放量脱钩的阶段。

(二)创建重庆特色的低碳城市发展道路

低碳城市的三个要素为:低碳经济为发展模式及方向、市民以低碳生活为理念和行为特征、政府公务管理层以低碳社会为建设标本和蓝图。但具体到每一个城市,由于经济发展基础、产业结构、自然地理环境、市民整体素质和政府管理水平等方面存在差别,因而在低碳发展的道路选择也不应该千篇一律,每个城市建设低碳城市的发展道路都要适合自己的市情,都要有自己的创新。重庆建设低碳城市,要走重庆特色的低碳发展道路。

重庆步入工业化发展中期,正处于高耗能阶段,能源需求猛增,"拉闸限电""油荒""煤荒"频繁出现,能源资源紧缺已成为社会经济发展的一大瓶颈,其中重庆的高能耗工业企业的能耗总量约占工业能耗总量的70%。近年来,重庆市的第三产业发展速度落后于第二产业。重庆市目前第三产业占GDP的比重约为43%,与发达国家60%~70%的水平相距甚远,与中等发达国家50%~60%的水平也有一定差距。因此,未来重庆市应在发展高新技术产业的基础上,努力发展现代物流业、现代金融业、现代会展业以及创意文化产业,降低对第二产业的依赖。同时通过政策引导,对重化工业进行技术升级改造,以降低单位GDP的能耗。

重庆由于其独特的山城地理和气象条件,太阳能和风能资源极为匮乏,不适合建设太阳能电站和风电场,而生物质能产业在重庆已有一定规模和基础,应加大投入,增加生物质能发电厂装机容量。

重庆的交通部门的节能减排受快速城市化进程、山城地形、机动车快速增加等因素制约。需要加大轨道交通的建设力度,提倡低碳出行。

(三)形成各方参与的合作互动机制

低碳重庆的建设需要城市管理者、生产经营者和普通市民的共同参与,使各方形成共识。城市的发展取决于市民的意识,而低碳城市的建设在中国并没有成功先例可援,必须本着"边干、边学、边总结"的模式进行探索和实践，注重"从下而上"的创新途径。

二、重庆建设低碳城市的主要对策

（一）完善低碳城市建设规划

一个城市向低碳城市转型应该规划先行，从产业调整、建筑、交通和能源结构等多方面推进低碳型城市建设。

（二）规划中融入低碳理念

将低碳理念融入现有规划编制体系，与全球的低碳经济潮流接轨：以低碳城市理念贯穿原有的经济社会规划、城市规划，全盘考虑，科学谋划，制定符合低碳城市建设目标要求的城市规划。

（三）建设低碳示范城区

选择适当的城区建设低碳示范区，成立领导小组，制定综合配套政策，建立成效评价考核机制，在交通管理、建筑节能等方面进行试点工作。在居民区进行低碳生活示范区试点，推广生活中的低碳新技术、新方法，有效降低日常生活中的碳排放。通过示范区的先行先试，进而总结推广，促进重庆向低碳城市转型。

（四）发展低碳建筑

首先要制定并完善建筑行业新标准，进而推动绿色建材、可再生能源等一系列相关产业的发展，优化建筑设计，选用低碳材料，带动整个建筑行业的优化升级。

（五）推行低碳交通

2017年3月，交通运输部确定选择重庆等10个城市开展低碳交通运输体系建设试点工作，推广应用低碳型交通运输装备，优化交通运输组织模式及操作方法，建设智能交通工程，完善交通公众信息服务，建立健全交通运输碳排放管理体系。到2019年底，这些城市试点物流运输企业的天然气及混合动力车辆使用比例要达10%以上，使用天然气动力的城市公交车的比例在现有基础上提高10%以上。

结合重庆市交通运输的实际情况，首先要研究交通运输行业"十三五"节能减排规划。二是积极发展轨道交通和新能源汽车，实现交通工具的低碳化、出行方式公交化。三是建立交通影响评价制度，城建要预先评估对交通减排可能造成的影响。四是要完善节能减排统计监测考核体系，推进交通系统的低碳化。

（六）优化能源消费结构

出台促进低碳能源发展和使用的配套政策。通过制定可再生能源产业的配套政策，逐步优化能源消费结构。加大可再生能源技术研发的扶持力度，鼓励企业和科研机构加大研发投入。加快建设生物质能源开发利用示范项目，解决部分能源消费。借助部分智能用电小区的社会示范效应，实现能源的集约式利用。

三、加强政策引导，支持低碳技术研发

建设低碳城市需要低碳技术支撑。近年来，重庆为促进科技创新，提升城市核心竞争力，出台了若干鼓励科技进步的政策，如《重庆市科技创新促进条例》。尽管重庆市的低碳科技创新和推广取得一定成效，但低碳科技创新总体水平仍相对滞后，自生创新能力不强。因此，应尽快完善科技创新相关政策，实行向低碳技术创新倾斜，推动"官产学研金"五个方面的协作，打造低碳技术自主创新平台。

四、推动传统产业节能减排

重庆应抓住振兴重庆老工业基地的重大契机，同时结合两江新区的战略布局，借助优惠政策，加快传统产业升级，优化产业结构，实现经济战略转型。

（一）加强高能耗产业监管，实现节能减排新突破

工业是重庆市目前能源消费的主体，必须坚持走新型工业化道路，加快发展高新技术产业，运用高新技术改造升级传统产业，加强冶金、煤炭、电力、化工、建筑等高耗能行业的节能降耗。严格新建、改建、扩建工程的能耗准入标准，进一步淘汰落后产能、提高装备现代化水平，大力推进先进生产工艺，加强工业"三废"的综合、循环利用。针对高耗能企业，加强节能规划编制，建立企业的年度节能报告制度，完善企业的计量管理，强化企业节能基础管理，加大节能改造以及技术更新。

（二）发展低碳农业

重庆的城乡发展差距拉大、二元结构矛盾突出，必须推进城乡统筹，实施农民增收，而大力发展现代农业是实现农民增收的重要途径。发展现代农业必须走有机、生态、高效、低碳的路子，生产高附加值的农产品。推广应

用无公害低残留农药，使用有机肥料，减少农业对农药和化肥的过度依赖，降低农业产业链对环境的污染；在农村推广沼气和农林废弃物气化技术，大力开发生物质能，降低农业耗能。

（三）壮大第三产业，发展低碳服务业

重庆处于工业化中前期，碳减排压力巨大。对比发达地区，重庆应调整产业结构，提升第三产业在 GDP 中的比重，加快低碳服务业的发展，降低单位 GDP 能耗。大力发展金融服务业，提升现代物流业，推动低碳休闲旅游业，大力发展文化体育事业。

（四）大力发展新能源产业

目前，重庆新能源产业正处于起步阶段，发展迅速，但相关项目多数处于签约兴建阶段，主要技术也以引进为主。对关键、核心技术进行消化吸收，提升自主创新能力，推动产业技术的革新与突破，进而抢占行业领先战略地位，完善激励机制、建立相关技术标准和服务机构等，将是重庆新能源产业发展面临的重要任务。

1. 太阳能光伏产业

立足相关园区已建或在建大型项目，重点打造一条相对完整、兼顾技术发展方向与现有基础的薄膜光伏电池及系统装备产业链。产业链按照上下游关系依次可分为三个部分：晶硅原料生产；薄膜光伏电池及组件制造；光伏发电系统装备制造。在产业链中，重点打造多晶硅及单晶原料、薄膜太阳能电池、聚光光伏系统装备等重点产品。

2. 生物质能产业

立足重庆农作物剩余秸秆、潲水油、畜禽粪便和农产品加工副产品等废弃物量大面广、利用率不高、环境污染严重的现实，重点推进沼气工程和生物质发电工程建设，大力发展燃料乙醇、生物柴油、生物质固体成型燃料和生物质气化燃料等重点产品，攻克生物质综合炼制技术和生物质能利用集成技术开发，实现生物能产业持续健康发展。

3. 风能产业

以整机带动零部件，零部件促进整机，陆海并举、内外结合，形成整机及具有重庆特色的关键零部件产业集群，力争重庆风电装备整机和关键零部件技术在全国处于领先，部分达到世界领先水平，成为全国主要的风电装备产业基地。以 2MW 和 850kW 风电机组作为整机主导产品，加快 5MW 近海风电机组新产品的开发。零部件制造的重点产品为齿轮箱、风电机组控制系统，同时加快风轮叶片、发电机、液压控制系统、偏航系统、变桨系统、主轴、联轴器、轴承、高强度螺栓等零部件生产基地的建设。

4. 人才队伍建设

尽快指定重庆市的理工科大学开设不同层次的新能源专业,抓好师资选拔和培养,挑选一批专业相关的优秀中青年骨干教师,送到世界上新型能源产业发达国家的名牌大学进行培训。紧密结合我市新能源发展规划,树立超前意识,制定好新能源专门人才培训规划,指导高校新兴学科的发展。

(五)加强碳汇林业建设

根据《联合国气候变化框架公约》的定义,将"从大气中清除二氧化碳的过程、活动和机制"称之为"碳汇"。陆地生态系统的主体是森林,森林具有碳汇功能,森林可以通过光合作用把大气中的二氧化碳固定在植被或土壤中。通过森林碳汇吸收固定二氧化碳,成本比工业减排低得多。特别对于重庆这类处于工业化发展中期的城市,很难在短时期内降低碳排放总量,必须大力建设碳汇林业。重庆自提出建设低碳重庆以来,到2009年底,森林面积达到4300万亩,覆盖率达到35%,每年可吸收二氧化碳2100万吨。预计到2020年,可增加碳汇超过1000万吨。低碳重庆建设已成为节能减排的重要手段,也将成为低碳发展的主力军。

(六)加大林业碳汇宣传力度

加强低碳重庆建设的同时加大林业碳汇理念宣传力度,使各级政府充分认识发展林业碳汇的重要性:各级政府应把建设低碳重庆作为发展林业碳汇的重要内容进行宣传,增进普通市民对气候变化、低碳、林业碳汇和碳补偿的了解,强化老百姓造林固碳意识。

(七)科学规划布局

根据国际国内成功利用林业碳汇赚取外汇的项目经验,加强地域布局。重点考虑重庆市1990年以后新建的林地,确定市内开展林业碳汇的地域。在现在和今后的森林工程中,考虑将森林的固碳效果作为反映造林成果的重要指标,使碳汇林的建设和"低碳重庆"建设相结合,实现多方共赢。在建设碳汇森林工程的同时,与相关产业结合统筹发展,使增收致富和环境保护相互协调一致。依据《京都议定书》等相关碳交易规则,通过清洁发展机制(CDM)、碳汇股票交易等方式,实现"清新空气换取真金白银"的目标。此外,还要大力发展林下经济,充分发挥退耕还林奠定的基础,应用森林资源优势,开展种植、养殖等林下经济,把碳汇林、生态林和经济林建设相结合,增加林农收入途径。

（八）建立健全碳汇信息数据库

碳汇资源不同于传统观念上的自然资源，当前必须设立调研管理机构，调查、辨析和分类重庆碳汇资源。在上述工作的基础上，设立碳汇信息库，包括不同林地的主要林种、建设时间、气候条件和生态条件等。建立生态定位站，进行绿色植被吸收和释放二氧化碳的检测，建立长效动态监测机制。

（九）加强林业碳汇科技支撑

引进林业建设、管理的先进理念和先进技术，提高在建设和管理碳汇林业方面的技术水平。加大对碳汇林业科技投入，提高碳汇林的固碳能力和生产能力。培养一支碳汇林业专家队伍，深入有序地推进碳汇林业工作。

（十）启动林业碳汇试点

遴选恰当的地区，建设全市的林业碳汇示范点，带动其他地区的碳汇林项目建设，把森林碳汇提升到与工业减排同等重要的位置。

（十一）搭建与国际接轨的碳汇交易平台

发达工业国家期望通过购买碳汇指标实现减排目标，这是推进"低碳重庆"建设的难得契机。组织相关工作人员分析、整理国际国内碳汇交易的信息。通过分析借鉴，了解碳交易动态，为顺利开展重庆市林业碳汇项目打下基础。加快筹建重庆碳汇交易所，为重庆及西部地区搭建碳汇交易平台，推动低碳经济向宽领域、全方位发展。鼓励企业出资建设碳汇林，获得规范计量的碳汇信用。

五、引导市民绿色消费

绿色消费是指"在社会消费中，不仅要满足我们这一代人的消费需求和安全、健康，还要满足子孙万代的消费需求和安全、健康"。绿色消费所包含的内容十分宽泛，不仅包括购买和使用绿色产品，还包括循环利用物资、提高能源效率、保护生存环境和物种等。

从生产和消费的关系可知绿色消费对绿色生产具有重要的反作用：绿色消费将促进绿色生产的发展；绿色消费的需要对生产向低碳环保调整和升级起着导向作用；绿色消费热点的出现，能够带动绿色产业的出现和成长。通过各种新闻媒体、社区等公众场所，开展生态文明理念和低碳绿色的生活和消费方式宣传，强化市民节约资源、保护环境的意识。引导市民崇尚"绿色餐饮""绿色家居""绿色家电"等绿色产品消费，采取有利于减少碳排放的行为方式，人人养成习惯，形成良好的社会风尚。

第八章 新时代背景下基于高效的重庆城镇化的路径研究

作为重庆新型城镇化路径的深层意蕴，"高效"是基于新型城镇化路径的价值取向视角而确定的，贯穿在重庆新型城镇化路径设计的每一个环节、每一个步骤中。本章通过对高效路径的含义、主要内容以及适宜标准进行分析，具体设计了经济效益高、社会效益好和生态效益佳等子路径，旨在为重庆新型城镇化路径的科学选择提供一定的参考和借鉴。

第一节 高效路径的基本规定

新型城镇化本质上是一场以人为中心的，涉及经济、社会等诸多领域的全面转型和深刻革命，蕴含着发展理念的根本转变、彼此关系的和谐融洽以及整体效益的整合提升。整体效益是经济效益、社会效益和生态效益的统一，整合提升的结果即为"高效"。作为新型城镇化路径的价值取向之一，"高效"的发展意蕴影响客观而长远，并隐含在重庆新型城镇化发展的路径设计之中。

一、高效路径的含义界定

新型城镇化的推进过程中坚持高效的路径导向，并使之贯穿于这一过程的始终，对于这一价值导向的坚持和实践，必须从深刻明晰这一导向的内涵开始。一般意义上的高效就是指在相同或更短的时间里完成比其他人更多的任务，而且质量与其他人一样或者更好。这里的高效除了包含高效率的内涵外，还包含高效益、高效果这两个层面，简称"三效"。同时，这里的高效除了经济高效之外，还包括社会高效和生态高效两个方面。因而，本节的高效路径就是指实现上述目标的道路和途径。这一路径必然包含了经济高效、社会高效、生态高效三个彼此相连的方面。

二、高效路径的主要内容

高效路径是贯穿于新型城镇化过程始终的一大标准，这一标准可以归结为经济、社会和生态等方面。新型城镇化重视城镇化发展的质量，是经济、社会、生态三方面的协同高效发展，归结为新型城镇化的高效益追求。因而，新型城镇化的高效路径的内容必然包括三个方面的子路径：经济效益高、社会效益好和生态效益佳。

（一）经济效益高

一般意义的经济效益是指通过商品和劳动的对外交换所取得的社会劳动节约，即以尽量少的劳动耗费取得尽量多的经营成果，或者以同等的劳动耗费取得更多的经营成果。所谓的经济效益就是资金占用、成本支出与有用生产成果之间的比较，尤其指占有的可以以货币计量的财富量。而经济效益好则是指资金占用少，成本支出少，有用成果多，而且取得经济效益的意义不仅仅止于经济方面，更在于对整体社会的发展有利。经济效益高具体包括两个子路径。第一条路径是战略性调整经济结构。调整经济结构是面对国际国内经济形势所进行的选择，加快经济结构战略转型，转变经济发展方式，实现经济的可持续发展，调整三大产业的比重，优化产业结构。第二条路径是有针对性地发展地域特色经济。根据区域的实际情况以及外部发展环境，有针对性、有计划地调整地域经济重心。

（二）社会效益好

与单纯的经济效益相比，社会效益是指最大限度地利用有限的资源满足社会上人们日益增长的物质文化需求，也可以说是满足物质和精神方面的双重需要。主要表现在一项社会活动在就业、增加收入、提高生活水平等社会福利方面所作各种贡献的总称。新型城镇化的高效路径除了追求经济方面的高效益外，还须特别重视社会方面的效益。也就是不仅仅能够做大"蛋糕"，而且还可以分好"蛋糕"。新型城镇化的高效路径中的社会效益好的具体实现的子路径有以下几条：第一条是追求科技进步和创新，只有科技进步和创新带来的社会效益才是最显著、最持久的。坚持科技研发和自主创新，不断创造新产品和新方法，提高经济社会发展的活力。第二条路径是促进城乡居民收入普遍较快增长。通过增加居民收入来刺激消费，扩大内需，同时改善居民生活条件。在这一过程中注意城乡居民收入的进一步增加，避免进一步拉大城乡差距，恶化城乡二元制结构。第三条路径是加强基础设施一体化建设和网络化发展。新型城镇化发展过程中的基础设施建设是其他活动顺利展开的基础，完善的基础设施和交通、通信网络不仅能够加快区域间的联系，并且可以降低社会整体物流成本，提高社会整体效益。

（三）生态效益佳

生态效益是随着生产力的进一步发展和人类文明的前进而逐步提出并广为接受的，是在经济效益和社会效益提出之后形成的一大效益观，凸显人类对于生态环境的日益重视和关注，追求经济、社会和生态效益三者的平衡发展，即可持续发展。一般意义上的生态效益是指人们在生产中依据生态平衡规律，使自然界的生物系统对人类的生产、生活条件和环境条件产生的有益影响和有利效果，它关系到人类生存发展的根本利益和长远利益。新型城镇化推进过程中，追求生态效益佳，主要有三条子路径：第一条路径是大力发展循环经济。新型城镇化过程中促进生态环境保护，必须从减少对生态环境的伤害开始，减少工业污染和生活污染对生态的破坏，大力发展循环经济和低碳经济，提高经济集约化发展力度。第二条路径是加强资源节约和管理。通过提高资源利用效率，实现节约资源的目的，同时注意对生产生活意义重大的能源资源的管理。第三条路径是加大生态环境保护力度。单位国内生产总值能源消耗和二氧化碳排放大幅下降，主要污染物排放总量显着减少。

三、高效路径的适宜标准

新型城镇化高效路径的适宜标准即是判别新型城镇化过程中的高效路径实现程度的具体标准。这一适宜标准是经济标准、社会标准、生态标准的三位一体。第一，高效路径的经济标准。经济标准即是经济计量指标方面的适宜标准，主要包括地区生产总值、地区财政收入状况、人均收入状况、固定资产投入状况、社会消费品零售额、城乡居民收入状况、工业总产值状况、利用外资和对外投资额、进出口总额等指标构成的综合评价体系，经济标准是城镇化高效路径的最基本的标准。第二，高效路径的社会标准。社会标准是远远大于经济标准的又一大标准，这一标准所蕴含的内容更加丰富多样。结合新型城镇化的实际，这一适宜标准主要涉及城乡之间在教育、医疗、住房、就业、养老等多方面的实现状况、公平程度。包括城乡公共服务均等化状况、以户籍改革和农村土地改革为起点的城镇化推进状况、住房管理和运行情况、微型企业扶植和成长状况、城乡居民医疗保险、养老保险覆盖面和保障水平情况、教育投入力度和公平性、食品安全和社会稳定状况。这些具体标准共同构成了高效路径社会标准的具体适宜标准。第三，高效路径的生态标准，生态标准即是直接关系到新型城镇化过程中的生态环境和保护状况。

这是经济标准和社会标准之后的一大补充标准，有时候也是经济、社会标准的前置标准。根据生态环境实际状况，新型城镇化高效路径的生态标准主要包括空气质量状况、工业能耗状况、工业排污状况、生活垃圾处理情况、自然生态环境保护情况、节能减排状况、森林覆盖率以及城市绿化率等指标。

第二节 经济效益高

经济效益高这一高效路径不仅仅是经济数量的增长，还包括整体效益和质量的提升。为此，重庆新型城镇化过程中需要坚持新的经济效益高的标准。从经济结构调整和内陆开放高地的建设这两个方面着力推进经济效益的提升。

一、战略性调整经济结构

所谓经济结构（Economic Structure）就是指国民经济的组成要素及这些要素的构成方式，即国民经济各个要素在特定的关联方式和比例关系下所结成的有机整体。战略性地调整经济结构需要从经济可持续发展的宏观层面考虑这一问题。重庆新型城镇化的经济高效路径，需要进一步夯实新型城镇化的经济基础。针对全国处于后危机时代的特征以及重庆经济发展实际，重庆需要从战略性地调整经济结构开始，进一步扩大内需，调整投资和消费关系，构建消费、投资、出口协调拉动经济增长的良好格局。加强农业基础地位，提升工业核心竞争力，培育战略性新兴产业，加快发展现代服务业，促进经济增长向依靠三大产业协同带动转变。

二、大力发展高端生产性服务业

生产性服务业对于经济结构调整作用巨大，能极大地提高经济效益。其一，进行产业链延伸，简单的制造逐步拓展到研发、设计、销售等诸多高端环节，从而瞄准产业链价值高端，大力发展生产性服务业，促进生产性服务业与先进制造业的融合。其二，大力发展各种类型的专业服务和中介服务业，尤其是发展研发设计、软件设计、建筑设计、工程设计、法律服务、会计税务咨询、资产评估、信息咨询等众多的具有重大意义的中介服务业，并鼓励服务企业与跨国公司建立战略合作关系，设立高端性服务业聚集地。其三，发展会展策划业。发展专业化的会展策划行业，建成西部会展之都。

三、建成内陆地区金融高地

金融是现代经济发展的血液，其发展程度直接影响经济结构调整，也影响着经济发展的整体效益,在此背景下,重庆需要大力发展金融业,打造内陆金融高地。其一,不断壮大发展银行、证券、保险等主体金融业。大力引进国内外金融机构入驻重庆市范围内,并加快本地金融机构的设立和建设,形成较为明显的总部效应。同时发挥银行在存贷款方面的主导作用,逐步优化信贷规模和结构,到2020年实现银行贷款余额为地区生产总值2倍的目标。推动资本市场的发展,尤其是证券业市场的发展,扩大资本市场规模和效应。积极助推企业上市和发行债券,支持保险行业的发展,通过保险创新试验区的建立,积极引导其资金合理进入相应投资领域。其二,打造创新型金融机构聚集地,通过创新的方式积极构建融资租赁公司、小额贷款公司、信托公司、财务公司、汽车金融公司、消费金融公司以及私募基金和风险投资基金。按照预定的设计不断发展创新型金融机构,到2030年建成超过400家和拥有600亿元资本规模的机构。其三,拓展金融要素市场。建成全国证券场外交易市场平台,加快股份转让中心和金融资产交易所建设,扩大农村土地、农畜产品、药品器械等交易所功能。实现2020年要素市场交易额超过4000亿元的目标。其四,构筑金融人才发展高地,依托金融院校和专业平台培养专业的金融人才,积极引进专业的金融人才,建设一批优良的金融专业人才队伍。

四、建设西部国际物流中心

物流通道建设对于经济发展至关重要,便捷高效的物流通道和较低的费用可以推动经济的快速发展。重庆需要不断提升物流枢纽集散能力,加快对西部地区物流中心的建设。建设陆上对外开放通道,主要以渝新欧大陆桥和南亚国际大通道为主,构建立体的陆上交通网络;建设水上物流大通道,利用长江水位上涨和水路物流的优势,建设大量的条件较好的客货两用港口,大力打造良好的黄金水路;建设空中物流通道,加快江北机场和万州等支线机场的建设,建成便捷的空中运输通道。促进光电、汽摩、能源化工等专业物流和高端物流通道的融合发展。加快物流公共信息平台建设,实现区域物流信息交换和信息共享。创建重大物流平台,打造快速物流通道。建立全市范围内的"三基地四港区",即是建立铁路物流基地、公路物流基地、航空物流基地三基地,寸滩港区、果园港区、东港港区、黄磏港区四大港区。

(一)建设国际知名旅游目的地

重庆要建设成为特色鲜明、产品多元、服务最优良的国际知名旅游目的地和西部旅游集散中心,到2020年实现全市入境旅游突破300万人次的目标,必须提升品牌形象,强化整体营销,同时结合重庆实际,着力打造山水都市旅游区：两江四岸滨江休闲带、半岛夜景两江游、渝中区解放碑观光旅游区等。长江三峡国际黄金旅游带：长寿湖、涪陵白鹤梁与大木、丰都鬼城、巫山小三峡等。渝东南民俗生态旅游带：石柱黄水森林公园、千野草场等。其他重点景区：万盛黑山谷、江津四面山、中山古镇等。

（二）建设西部地区消费中心

发展商贸行业，建设西部的消费中心。把扩大消费需求作为扩大内需的战略重点，发展新型消费模式，培育消费新增长点，拓展服务范围，建成西部地区产品丰富、环境优越、服务一流的消费中心。建设西部地区的购物之都，建设各具特色的商业中心，推动购物消费，打造西部地区"购物天堂"。加快建设西南大市场，围绕工业品、高技术产品、农产品、小商品等领域建设18个百亿级专业市场集群。建设西部的美食之都，打造具有重庆风格和特点的餐饮行业和文化，尤其是火锅文化。充分挖掘知名传统饮食文化内涵，建设西部地区"美食乐园"。积极发展面向社区和基层的医疗、美容、健身、保健、家政等服务平台，发展服务功能作用突出的现代生活性服务业。发展互联网增值服务、手机电视、网络电视、网络购物、远程医疗等新兴消费模式。

（三）深化内陆开放高地建设

重庆发展经济除了依靠经济结构调整，着力发展内需之外，也需要重视传统的"三驾马车"中出口的巨大作用。结合重庆实际，加快外向型经济建设，合理利用外资和扩大对外出口可以实现重庆的跨越式发展。为此，需要加快构筑开放平台，着力建设内陆开放高地，把对外开放与区域合作推向新的高度；加大两江新区等开放平台建设力度，构建国际贸易大通道；加快转变对外经贸发展方式，积极参与国际国内竞争与合作，全方位提升开放水平。

（四）建设内陆开放高地

坚持"引进来"和"走出去"相结合。统筹"引进来"和"走出去"，利用外资和对外投资并重，提高安全高效利用"两个市场、两种资源"的能力。积极创新招商引资方式，合理地选择外资进入市内，努力提升招商引资的规模和水平。瞄准龙头企业、产业集群，完善便捷式服务体系，以人为本招商、以服务贸易招商、以区域特色招商，积极引进世界级大企业、大项目。将外资引进集中在先进制造业、战略性新兴产业和现代服务业，吸引外资企业在渝建立地区研发中心或分部，支持外资参与服务外包基地建设。争取和创新利用国外优惠贷款，加强与国际金融组织全方位、多领域合作。探索面向国外市场的"走出去"模式。以先进制造业发展和资源开发为重点，鼓励和支持企业通过对外投资办厂、兼并收购、资源开发等多种形式,参与境外稀缺资源和能源开发,收购境外优质企业、研发机构、营销网络和知名品牌,全方位参与国际竞争。鼓励市内企业实施走出去的战略,推进境外经贸合作区建设,积极开展境外工程承包和劳务输出,拓宽境外工程承包渠道,扩大承包规模,完善外派劳务服务体系,建设国家级外派劳务基地。做好海外投资环境研究,健全境外投资促进体系,提高"走出去"服务能力,强化投资项目的科学评估,防范各类风险。

转变进出口贸易发展方式。通过内陆开放高地建设,大力发展加工贸易、服务贸易和普通贸易。加快发展加工贸易,创新加工贸易方式,改变传统只有加工的贸易方式,大力向研发、设计、核心零部件、物流运输、结算中心等高附加值链条深化发展,形成整机和零部件一体化的整合模式。加快发展服务贸易,通过发展金融、物流、会展、软件外包等形式的国际贸易,加快发展软件、信息、咨询、设计等服务贸易,改善普通贸易的结构。一方面注意提高高端行业和产品的出口数量,尤其是提高具有自主创新、自主品牌和自主营销的产品出口数量,扩大高科技、高技术、高设计、高端制造品、名优农产品的出口路径,通过这样的方式提高出口产品的附加价值;另一方面优化进口结构、进口关键技术和关键零部件。

建设国家物流大通道和保税(港)区。在内陆开放高地建设方针的指导下,建立"一江两翼三洋"国际物流大通道。"一江"就是充分利用长江这一国际黄金水岸,建设从重庆至长江中下游,最后通过上海到达太平洋的水上物流通道;"两翼"就是建设陆地铁路贸易大通道,一是从重庆出发,通过兰渝铁路线从阿拉山口出境经过中亚地区最终到达欧洲大西洋的西北翼铁路通道;二是开通经由渝黔铁路、黔昆铁路和滇缅铁路从东南亚进入印度洋的西南翼铁路通道。"三洋"是通过大通道的建设,最终可以通达太平洋、大西洋、印度洋这三大洋的物流通道。在建设国际物流大通道的同时加强国内物流通道,加快建设市内的"三环十二射"高速公路网络;建设省际间的物流通道,推动建设经由上海、广州、深圳一线的铁海联运通道和北部湾一线的路海通道。加快通往国外的空中物流贸易通道建设,加快推进电子口岸及口岸大通关建设,努力提升国际通行能力,逐步建成内陆地区重要的国际贸易枢纽。加快建设两路寸滩保税港区和西永综合保税区,促使重庆成为西部地区配套最好、功能最全、政策最优的国家级保税物流集散地、加工贸易集中区和服务贸易聚集地。

注重推动区域协作和开放型人才队伍建设。内陆开放高地要发展对外开放,还需要重视对内的区域协作。一是注意加强与东中部发达地区的协作,尤其是与珠三角、长三角、环渤海等区域的产业协作，积极承接这些地区转移过来的产业，在合作共赢的前提下，注意做到优势互补，推动产业发展。二是注意加强与周边省份的合作，尤其是注意加强川渝之间的合作，推动川渝两地之间经济、政治、文化等方面的协作和交流，促进两地的产业互补、要素自由流通，为川渝合作打下坚实的基础；推动与"西三角"区域的务实合作；同时还要注意加强与贵州、陕西、湖南、湖北等省份的合作。三是注意加强与港澳台地区的合作。积极吸引台湾地区的资本投资，加强两岸经济合作，促使台资进入重庆和重庆本地企业投资台湾；加强与港澳在经济文化方面的交流和合作。加强开放型人才队伍建设。开放高地建设不仅仅需要大量资金的注入，还需要有充足的外贸人才支持其建设。打造人才培育平台，改善人才发展环境，创新人才工作体制机制，努力建设内陆开放型人才高地。

（五）发展内陆开放型经济

内陆开放高地的建设在于促进内陆开放经济的发展。发展内陆开放型经济，就需要不断调整产业结构，建成西部现代产业高地。重庆在经济发展中逐渐形成了以钢铁生产为主的材料冶金工业及以机械制造、汽车与摩托车配件生产、整车装备为主的工业链条。在现有国际分工秩序的背景下，积极延长分工产业链条，深入国际分工。积极引进国际大型机械或汽车配件厂商来重庆设厂，打造国际产业链条。重庆不但是一个人口基数大的直辖市，而且是农业人口和贫困人口数量也大的地区，可以为大型装备企业和生产制造企业提供丰富的劳动力资源，适宜劳动密集型产业的发展。自然资源种类多、数量大，石油、天然气等能源资源储量丰富。利用资源优势，引进外资，打造石油、天然气化工和综合能源产业。最终打造以装备制造业、材料冶金业、摩托车汽车业、劳动密集型产业、石油天然气化工业、综合能源业六大产业集群为主导的西部现代产业高地，构建具有重庆特色的内陆开放经济产业结构新格局。

营造良好的内陆开放环境。良好的氛围和环境对于内陆开放高地的建设意义重大。在优化开放环境中，地方政府应该担负巨大的责任。地方政府应该加强自身建设，逐步向服务型、法治型、透明型、廉洁型政府转变，营造公平自由的市场环境。加强交通建设、体现平面和立体区位优势，构建南下和东出的出海通道。构建开放型文化，形成开放的兼容并包的社会心态，形成自觉接受国际准则、国际惯例的社会意识，提高城市的软实力和竞争力。

大力发展生产性服务业。不断发展生产性服务业，促进服务业快速发展。加强商贸物流业的发展，加快中心商圈、特色商业街区建设，重点创建"百亿商圈"和"百亿市场",建成西部最具影响力的电子商务中心和长江上游地区重要商品集散地;加快建设公路、铁路、港口、空港等物流基地。加快金融服务业的发展,培育金融网络,增强和完善金融中心的集聚外部性,发挥集聚效应,争取使重庆成为全国性非上市公众公司股权交易市场、全国农村土地交易所、全国畜禽交易所和全国性电子票据交易中心。

融入国际市场,扩大招商引资范围。在大力提倡扩大对外开放、融入国际市场体系、对接全球经济平台的同时,以瞄准国内市场、扩大内地区域经济合作为主要取向。一方面依托成渝经济区,加强与川、黔、鄂等周边地区的经济合作,构建畅通无阻的区内交通、信息、人才等要素交流平台,吸引更多资源要素聚集,相互产生更多的经济联系;另一方面利用长江黄金水道和航空、铁路、公路快速通道,加强与长三角、珠三角、环渤海等经济区的经济交流与合作,加大招商引资力度,吸引发达地区产业向重庆转移,通过扩大对沿海地区的开放、加强与沿海地区的经济合作,进一步参与国际经济合作与分工。引导外资发展高新技术产业和改造提升传统工业,加快农业吸收外资的步伐;根据国际资本对外流动以跨国并购为主和国内资本向西部流动新形势的变化不断地疏通、拓宽吸引境内外资金的渠道。积极创造条件,通过发行国际股票、债券等方式进行融资;完善招商引资体系,逐步摆脱以政府为主导的传统招商引资模式,建立以政府引导为方向,以企业运作为主体,以中介机构参与为媒介,多方协调、自我发展与自律管理相结合的市场化招商引资体系。

第三节 社会效益好

在重视经济效益的同时,务必要重视社会效益的实现。社会效益的实现是加强社会建设的应有结果。要实现社会效益好的目标就需要不断加快科技进步和创新发展,提高居民收入水平、基础设施和网络一体化建设水平,通过这样的方式推动新型城镇化的高效益的顺利实现。

一、加快科技进步和创新驱动发展

重庆新型城镇化的高效路径中,社会效益子路径中的科技进步与创新是重庆新型城镇化推进的最大动力之一,也是实现可持续发展的动力之一。为了实现科技进步与创新,一方面着力实施科教兴渝和人才强市战略,建设创新型城市;另一方面全面落实中长期科技、教育、人才规划纲要,推动经济社会发展向依靠科技进步、劳动者素质提高和管理创新转变。

（一）增强科技创新能力

坚持自主创新与技术引进相结合，完善创新体制机制，加强自主创新基础能力建设，加快建设长江上游地区的科技创新中心和科研成果产业化基地。建设西部地区国家级创新示范基地，通过这一基地建设推动科技创新，引领产业创新，推动经济结构调整，从重庆制造变为重庆创造。大力发展战略性新兴产业，推动高端制造业和现代农业的发展，加强研究开发、资源共享、成果转化平台建设，集聚一批国家级科研院所、海外高水平研发机构，推进科技资源开放共享，不断创新技术标准，建设标准高地。推动产学研的战略联盟，壮大科技风险投资规模，促进成果孵化和产业化，让创新活力不断迸发。争创一批驰名商标和地理标志保护产品，促进专利授权量明显增长，建成保护知识产权模范城市。

（二）构建科技创新体系

强化科技平台建设。加强政府科技投入引导，实施重大科技创新专项，增强核心、关键、共性技术突破能力。增强企业主体地位，提高企业科技创新积极性，增加企业对科技研发的投入和人员投入，组建产业技术创新战略联盟。加强技术创新公共服务平台建设，建设一批国家级与市级重点实验室、工程（技术）研究中心、企业技术中心、工程实验室等。大力引进国家级大院大所，支持中央院所和市级科研院所建设，建设一批研发中心和中试基地，推动重科院、农科院等成为技术创新的骨干力量。加强科技人才队伍建设，通过自主培育和国际引进相结合的方式建立一批高质量的科技人才队伍，并注意加强区域间的科技合作和交流。鼓励企业加强与国外研发机构的合作，并参与国际标准的制定。依托两江新区和重点园区打造国家知识产权示范区和创新集群，依托区县工业园区打造科技示范园区。

（三）完善创新体制机制

落实激励企业技术创新的财税、政府采购等优惠政策。扩大企业技术创新投资主体来源，有效减少创新风险，提高银企合作的积极性，鼓励金融机构加大对企业技术创新的信贷支持。大力实施知识产权战略，在重点产业领域超前部署、掌握一批核心技术专利。加强知识产权保护，鼓励企业对创新成果申请知识产权，支持企业专利技术的产业化，培育一批知识产权优势企业。合法合理地保护自主知识产品，从而带动更多自主知识产品的诞生，进而带动国家级知识产品保护中心建设。引导科技资源下乡入园进企，完善基层科技公共服务体系，加快建设统筹城乡科技改革与创新综合试验区。

二、建设创新型人才高地和教育高地

人才是实施创新战略的前提条件,优化人力资源合理配置是关键环节。通过实施高层次人才和基层人才培养工程,壮大各类人才队伍,积极培育数量可观的稀缺型人才和创新型人才,打造更多的实用人才和技能人才,依托先进的产业集聚优势和各项政策优惠,大力集聚更多海内外人才,努力创造条件促进优秀人才脱颖而出,满足优势产业人才需求。坚持创新导向和终身学习导向,培育社会所需要的各类型人才。加快发展学前教育,高质量普及九年义务教育,全面普及高中阶段教育,建设一批高水平大学和特色院校。深化教育体制改革,创新教育管理和人才培养模式,增强学生实践能力,提高各级各类学校的教育质量。推进教育现代化、国际化、城乡一体化,基本建成长江上游教育中心。

(一)持续增加城乡居民收入

增加居民收入,不仅可以改善民生,而且可以拉动内需,促进经济的发展。增加城乡居民收入水平,需要不断调整收入分配结构,促进就业和劳动关系的改善。

(二)合理调节收入分配

在继续坚持发展并不断提高发展质量和效益的前提下,解决好收入分配问题。通过合理地调节收入分配,使得城乡居民的收入获得普遍的增长。主要是通过改革收入分配方式,完善收入分配调节机制,促进共同富裕,力争到 2020 年实现重庆市范围内的基尼系数降至 0.35 左右的目标。在初次分配中强调效率优先的基础上,重视不断提高劳动报酬的收入分配比例,建立与经济增长、物价水平相协调的收入正常增长机制,每年按职工人均收入调整最低工资标准,形成企业职工工资正常增长机制和支付保障机制,推动企业建立工资集体协商机制,更多地保障劳动者的权益。调整二次分配。强化税收对个人收入分配的调控作用,更加关注中低收入群体,通过社会保障制度覆盖、住房保障、专项消费补贴、节假日补助、特殊费用减免等措施加大转移支付力度。根据经营管理绩效、风险和责任规范国有企业、金融机构经营管理人员特别是高层管理人员的收入。

(三)促进就业和劳动关系

把扩大就业作为保障和改善民生的头等大事。大力开发就业岗位,健全劳动者自主择业、市场调节就业和政府促进就业相结合的机制,努力实现社会就业更加充分。大力发展具有巨大就业吸纳能力的第一产业和鼓励自主创业。尤其是注重发挥小微企业等民营企业的就业吸纳能力,力争增加小微企业一万个以上。实施更加积极的就业政策。完善促进就业和稳定就业的财税优惠措施,建立健全政府投资和重大项目带动就业的考核机制。加大对于重点人群的就业扶持,对城市下岗人员、大学生、返乡农民工、进城务工人员、残疾人、零就业家庭的人员等加强就业扶持服务。完善就业服务体系建设。建立城乡一体化的就业培训服务体系和劳动力市场建设,积极推动就业。此外,更加重视促进劳动关系的和谐,推动和谐劳动。逐步健全劳动关系三方利益协调机制,加强劳动合同和劳动者权益保护等相关法律法规的积极实施。完善劳动争议处理机制,加大劳动仲裁和监察执法力度,保障劳动者特别是农民工的合法权益。

三、加强基础设施建设和网络化发展

重庆新型城镇化对推进现代化综合基础设施体系的建立至关重要,为新型城镇化目标的早日实现提供物质支撑。因而重庆目前需要以提高基础设施现代化水平为重点,加强交通、能源、水利、信息、通信、网络等基础设施建设,为重庆的工业化、城镇化、农业现代化这"三化"建设加速推进提供坚实的硬件支撑。

(一)建设通畅的重庆

加快综合交通通道建设。坚持"畅通高效、安全绿色"的发展理念,提高交通规划建设的前瞻性和统筹水平,加快通道和枢纽建设,把重庆建成西部最大的铁路枢纽、内陆重要的复合型枢纽机场、内陆最大的内河港,成为我国重要的综合交通枢纽。大力建设密集的铁路网络,满足铁路客货两运的需求,最终实现铁路"4小时周边、8小时出海"的目标,建设便捷畅通的"三环十二射"的高速公路网络,加快形成彼此相连的高速公路骨架网络。加快国道省道提档升级,积极推进农村公路行政村畅通工程。加快长江黄金水域建设,加快港口的建设并提高长江流域的通航能力,坚持大型化、规模化、集约化、铁公水联运为发展方向,加快建设寸滩、果园、东港、黄磏、新田、龙头山、朱沱、仁沱等9个大型枢纽港区;加强长江干流、嘉陵江、乌江支流航道整治。加快复合型机场的建设,推进江北机场的扩建,增加国际航线,提高客货运输能力;提升万州、黔江机场设施水平,建成巫山机场,形成"一大三小"机场格局。

建设多中心交通枢纽体系。建设多中心的综合交通枢纽,以主城为中心,

建立国家级的综合交通枢纽体系；以万州为中心建设"渝东北翼"综合交通枢纽；以黔江为中心建设"渝东南翼"综合交通枢纽。建设飞机场、火车站、港口码头、汽车站、轨道交通等多种运输方式无缝衔接的枢纽站场或换乘中心，实现乘客零换乘、货物零换装。不断改善主城和区县城镇的交通状况。建设主城范围内的交通项目，朝着构建通畅的重庆的目标，提高道路交通运行效率，实现内环以内、二环至内环"半小时通达"目标。建设城际间的快速通道，主要是轨道交通和高速铁路的建设，紧密连接主城和区县城。发展区县地区和乡镇农村地区的交通水平。在城区范围内，不断优先发展公共交通，实现公共交通全覆盖，促进城市公交、出租、城际客运、城乡客运协调发展，提高城乡公共交通一体化服务能力和水平。

（二）构建能源保障体系

重庆新型城镇的建设需要构建能源保障体系予以保障，而最为重要的就是要有足够的电力、煤炭、石油、天然气等能源能够满足需求。不断优化电源结构，推进水力发电、风力发电和生物质发电等可再生能源发电项目的建设，提升其装机比例；积极开发核能等新型能源用于发电，开发天然气发电项目；利用外来煤炭建设燃煤发电项目，继续关停小电机组，优化燃煤发电比例。完善各类型电网系统建设，建设特高压电网和以负荷为中心的受端电网，优化外来电力进入通道。继续实施城市电网和农村电网新建和改造工程，积极推进智能电网建设，有序规划建设电动汽车充电设施，探索分布式供能系统发展。改进煤炭保障机制，增强重庆市内的煤炭生产能力，保持其稳定生产能力；通过区域合作的方式，积极引入陕西、贵州、甘肃等地区的煤炭，使更多煤炭进入市内。提高成品油的充足保障能力，积极建设成品油供应通道，建设从缅甸出发经过昆明到重庆的成品油管道，以及贵阳到重庆的成品油管道，通过基础设施建设，构建完善的石油供应网络，最终建立西南地区的原油或成品油的战略储备基地。提高天然气供给能力，大力开发市内的天然气资源，开发煤气层、页岩气和城市垃圾沼气等气体；大力建设天然气运输管道，构建从中卫到贵阳的天然气管道、市内管道环网和天然气储备中心，保障天然气的及时充足供应。重庆新型城镇化的建设还离不开充足水资源的支持，除了电力、煤炭、石油、天然气等能源需要保障外，还需不断增强水资源的保障能力。建设水资源供应设施，保障水资源供应，建设一批骨干和重点水源工程，利用过境江河水资源建设安居提水和水厂工程。重点解决渝西地区的用水困难问题，新开工建设的南川金佛山、巴南观景口等大型水库，以及规划建设一批小型水源工程将新增蓄引能力15亿立方米以上。积极实施跨区域、跨流域调水工程项目，积极将水资源充足区域的水资源调入水资源匮乏的地区。提高水资源的质量，加强水资源检测能力，提高水资源的达标水平。通过水厂改造和供水管道的翻新，改善城市饮用水水质，提高农村生活饮用水水质合格率。加强饮用水水源地保护，开展饮用水水源地整治和水质监测，严格取水管理，防止乱打井、乱开矿造成水源枯竭或污染，最终形成城乡统筹的用水体制，统一规划城乡用水设施和水源建设，建成城乡一体化的水厂。同时提高抗旱减灾能力，建设江河防洪工程，强化中小型河流治理和山洪灾害整治，最终达到国家规定的防洪标准。加强对暴雨、高温、干旱的监测、预警和防御力度，完善人工影响天气业务体系，提升空中云水资源利用水平。

（三）全面提升信息通信网络设施水平

信息通信设施的建设，对于信息的及时有效传输意义重大，信息畅通对于重庆新型城镇化推动作用巨大。大力建设宽带城市，在信息高速公路的指引下，大力建设城市主干网络设施，提升骨干网络传输能力，促进城镇光纤到户以及向农村地区延伸。加快建设网络工程，加快改造广电网络，建设下一代广电网络；建设在国际具有重要地位的离岸云计算数据处理中心，构建高速数据流通道，积极扩大宽带电信网、下一代互联网和数字电视网的共建共享和高层业务应用融合。大力推广互联网技术和下一代移动通信技术，推动物联网平台建设，并推动建设重庆统一的数字媒体传播中心和综合性的信息服务平台。建设智能城市，加快数字城市和数字化管理信息系统的建设和使用；推动电子政务的发展，推动重庆市范围内统一的网上政府和电子政务平台和网络的建设工程，最终形成集民政、社保、税务、工商管理等公共服务为一体的网络信息服务平台。建设面向西部及全国的数据交换中心、互联网数据中心、备份中心，打造国家级信息资源集散地。最后，需要强化信息网络体系的安全性和稳定性，确保信息网络的安全可靠。

第四节 生态效益佳

新型城镇化的高效路径要求推进生态文明建设，不断增强可持续发展能力。为此，必须坚持节约资源和保护环境的基本国策，牢固树立绿色低碳发展理念，加快形成资源节约、环境友好的生产消费模式，为实现经济增长与资源环境承载、社会承受的良性循环打下坚实基础。

一、大力发展低碳经济

低碳经济是指在可持续发展理念指导下，通过技术创新、制度创新、产业转型、新能源开发等多种手段，尽可能地减少煤炭、石油等高碳能源消耗，减少温室气体排放，达到经济社会发展与生态环境保护双赢的一种经济发展形态。低碳经济的实质是提高利用效率和创建清洁能源结构，核心是技术创新、制度创新和发展观念的更新，主要表现形式为低碳生产和低碳消费。发展低碳经济，就是要摒弃以往先污染后治理、先低端后高端、先粗放后集约的发展模式，实现经济发展与环境保护和谐双赢。

二、调整产业结构

重庆的工业结构重型化特征和传统高耗能产业在工业经济中所占比重较大，全市能源消耗的70%来自煤炭，本地煤炭的含硫量是北方煤炭的10倍。要调整产业结构，首要的是杜绝高能耗、高污染、资源性产业，降低高碳产业发展速度，提高其发展质量。重点培育技术水平高、核心竞争力强、节能环保的产业，逐步提高新能源利用率。2017年规模以上工业战略性新兴产业增加值比上年增长25.7%，高技术产业增加值增长24.9%，占规模以上工业增加值的比重分别为17.3%和17.0%。全年新能源汽车产量2.1万辆，比上年增长1.3倍；城市轨道车辆产量增长76.5%；锂离子电池产量增长1.3倍；智能手机产量增长58.1%。全年高技术产业投资1422.64亿元，比上年增长18.7%，占固定资产投资（不含农户）的比重为8.2%；工业技术改造投资1616.67亿元，比上年增长19.6%，占固定资产投资（不含农户）的比重为9.3%。全市限额以上批发和零售企业实现网上商品零售额298.52亿元，比上年增长34.3%，高出非网上商品零售额增速21.3个百分点。而东部地区的广东省，拥有高新技术企业的数量超过重庆4倍，年产值是重庆的17倍。同处西部的四川省，高新技术企业的数量接近重庆的2倍，年产值接近重庆的5倍。因此，重庆必须奋起直追，围绕电子信息、新材料、新能源等产业，引进培育一批着力发展战略性新兴产业的高新技术企业，助推产业结构调整升级。

三、发展低碳交通

重庆作为拥有三千多万人口的特大型城市，居民的日常出行方式对城市碳排放量有着重大的影响。据市交管局统计，2017年，主城区机动车拥有量达151.1万辆，同比增加11.3万辆，增长8.1%。其中汽车拥有量为134.6万辆，同比增加9.9万辆，增长7.9%。私人小汽车拥有量突破百万，达到108.2万辆，同比增加9.4万辆，增长9.5%。私家车的大量出现不仅会造成交通的拥堵，还会产生大量的温室气体。在一个人口迅速增长的城市，怎样才能让交通不堵塞，同时又减少汽车尾气对空气的污染，是当今世界各大城市面对的共同困扰。发达的城市公共交通是首要选择，在开发更为快捷的城市公交的同时，探索开发地铁、轻轨等多种交通方式，在保障居民有效出行的同时保证低碳排放量；其次是开发和应用新能源汽车，减少私家车辆尾气排放对环境的污染；最后是拟定对大排量汽车进行征税的政策法规。低碳建筑是低碳城市发展的核心要素。建筑的碳排放，或者说建筑的能耗指标是目前相对比较成熟、目标清晰、过程可控的技术领域。据计算，我国每建1平方米房屋，需要消耗0.8平方米土地、0.2吨（1吨=1000千克，后同）标煤、0.23立方米混凝土、55千克钢材，排放二氧化碳0.75吨。自2000年以来，每年平均房屋竣工面积20亿平方米，约消耗6亿吨标煤，占社会总能耗的30%。要实现低碳建筑，一是制定详细具体的建筑节能政策与法规。《重庆市绿色建筑评价标准》已于2010年2月1日正式开始实施，但在建材市场的运用和影响还远远不够，需要进一步加大推广和应用。二是减少建材产品生产过程和应用过程中化石能源的消耗。三是加强政府部门和设计单位、房地产企业、生产企业的有效沟通，促进低能耗材料和新能源在建筑中的应用。

（一）规范基础设施

供水、排水、水处理、垃圾收集处理等基础设施是重要的城市碳源，优化的基础设施设计也是降低城市碳排放的重要方面。水资源短缺是全世界都面临的一个难题，通过降低供水系统能耗，提高排水系统回收利用能力，实行阶梯水价等措施，可有效避免水资源的浪费。对企业征收排污税，能使企业在追求成本最小化的同时，自行调低污染排放量，实现利益最大化。建立垃圾循环处理机制和废物回收利用机制，提倡使用环保用品和可循环使用物品，降低城市生活垃圾、工业垃圾产生量，尽量减少垃圾填埋量，提高废旧物品回收利用率。

（二）重视森林碳汇

森林碳汇是指森林植物吸收大气中的二氧化碳并将其固定在植被或土壤中，从而降低该气体在大气中的浓度。森林碳汇是目前世界上最为经济的"碳吸收"手段，较之其他减排措施，1公顷（1公顷=10000平方米，后同）森林每储存1吨二氧化碳的成本约为122元人民币，与非碳汇措施高达数百美元的成本形成鲜明反差。目前重庆的森林覆盖率为35%，4300万亩的森林每年可吸收二氧化碳2100万吨，而一辆1.6升排量的轿车，假如一年行驶里程约为1万千米，按1000升汽油使用量来计算，汽车碳排放量约为2.7吨，需要约 1.5 亩的人工林来抵消这一年开车所产生的二氧化碳对环境的影响。因此，我们应该加快植树造林步伐，在政策上对林业信贷予以扶持，由政府牵头带动私人投资，提供碳汇林业科技支撑，形成公私合作的市场模式，尽早实现低碳城市的目标，使重庆更加适宜居住。

（三）推广涉碳交易平台

碳交易是为促进全球温室气体减排，减少全球二氧化碳排放所采用的市场机制。企业通过碳交易平台将购得的减排额用于减缓温室效应从而实现其减排的目标。在 6 种被要求排减的温室气体中，二氧化碳为最大宗，所以通称为"碳交易"。北京、上海、天津已相继建立环境交易所和排污权交易所，重庆作为京、津、沪以外带领西部地区经济发展的重要增长极，建立碳交易平台和清洁发展机制十分有必要，作为一个重工业占主力的城市，重庆碳交易市场的潜力巨大。建设低碳城市还需要市民的广泛参与。我们应当倡导和实施一种低碳的消费模式，但低碳并不意味着低生活质量，而是在生活中尽量减少使用高耗能的产品，尽量减少生活垃圾的产生，尽量减少不必要的浪费，尽量减少含碳产品的使用。在积极响应节能体验日的同时，制定重庆自己的节能日，让广大市民参与其中，切实体会低碳生活。相信只要每一个人能从身边的每一件小事做起，哪怕是随手关灯，也必将能为低碳城市的建设做出不小的贡献。

四、着力建设低碳城市

所谓低碳城市，是指以低碳经济为发展模式及方向，市民以低碳生活为理念和行为特征，政府以低碳社会为建设目标的城市。虽然重庆在低碳和绿色发展中取得了一些成效，有了一定基础，但要完成建设低碳城市的五大任务，在经济高速发展的前提下，保持能源消耗和二氧化碳排放处于较低水平，对于重庆这样一个以工业为主的西部城市，难度还是很大，需要不断更新观念、解放思想，付出艰苦努力去实践。建设低碳城市还是一种探索和创新，对每一个试点城市都是挑战。

（一）强化二氧化碳的减排

减排二氧化碳不仅是为了承担国际减排义务，更是因为满足重庆自身的可持续发展的需要。到 2020 年，重庆 GDP 的发展目标是达到 2 万亿元，到 2025 年再翻一番。在这样的发展目标和传统产业占比居高不下的背景下，重庆每年需要外购 1/3 左右的能源。如果照此耗费，则 90% 需要外购，这种发展方式是不可持续的。未来能源供给将很难支撑这样的发展目标，未来发展的压力将转化到减排上，使减排具有主动性。制定减排总量目标，会促使城市发展战略更科学和更具持续性。而且，总量目标更具真实性和可核查性。

（二）坚持优化产业结构，提高能源效率

对于工业经济为主的重庆来说，全市布局IT产业，近期相继引入了惠普、宏碁、富士康、英业达等1T巨头，5年后产值将达到1万亿元，占工业比重的40%。经测算，这些工厂巨头的引入可使重庆工业单位产值能耗下降30%以上。由于发展水平的不平衡，地区之间、国内与国外能源利用效率都会有差距，也有了提升空间。我国的平均能效为日本的1/9、美国的1/3、欧盟的17.8%、韩国的36.7%，差距很大。能效提升，成本最低，这是必须要深入持久去做的功课。

（三）制定有利于低碳城市发展的政策措施

政府应该承担低碳城市发展的主要责任，积极制定有利于低碳发展的正常措施。应该推进能耗或碳排放累进税制，为产品进行碳认证或标注"碳标签"，积极发展绿色信贷，给低碳产业和产品以金融扶持或政策补贴等。重庆城市化发展正在加速，未来重庆将有数百万农民进城，需要重视建筑节能。政府应给予乘坐公交客车、轨道交通等公交出行的市民更多的补贴。城市交通规划应以人为本，体现人文关怀，建设更多、更方便、更绿色的出行通道，将安全、健康、环保的生活方式融入规划，使人的出行与城市、自然和谐亲近。重庆市各级地方政府应率先垂范，控制公共开支，推进机关节能。试点地区应定期向社会发布碳排放状况和试点工作推进情况，让全社会了解并参与低碳城市建设。

（四）推动低碳城市的绿色发展

重庆建设低碳城市应与建设绿色环境结合起来，加快植树造林速度，以创建国家级生态园林城市为目标，着重抓好长江两岸森林工程、高速公路景观林带以及区县城周边森林的屏障建设。不断深化林业改革，发展林下经济和森林旅游，调动群众造林积极性，全力提高林业碳汇能力。坚持"低碳""循环""节能"的新理念新思路，在城市交通、建筑、市政等领域进行科学规划，大力发展低碳交通、绿色照明、环保建筑和统一管网，提升城市管理科技水平。建设低碳城市应与社会主义新农村建设结合起来，大力推进生态农业和农业循环经济发展，普及推广太阳能和沼气技术，综合利用农林剩余物，减轻焚烧对城市环境的污染。

五、资源节约与生态环境保护并举

重庆新型城镇化发展过程中，要实现生态效益佳的目标，必须在资源高效利用以及生态环境方面找到出路。加强资源高效利用，必须从加强资源节约、资源管理出发，通过科技创新，有效改进生产工艺，降低生产消耗，通过技术变革引致资源节约利用。同时，对于生态环境需要更加重视，加强环境监测和综合保护，减少人为破坏的威胁。

（一）健全完善节能法规和标准

重庆市应加快制定重庆市节约能源条例、重庆市资源综合利用管理条例、重庆市建筑节能条例等配套法规，不断完善法律体系，加强节能工作的具体指导同时，重庆市经委还应进一步制定和完善主要耗能产品单位能耗限额、主要耗能设备能耗限额，加强节能执法监督。

（二）建立和完善能源价格机制

重庆市物价局应与市经委等部门联合制定有关能源价格实施办法。针对能源价格偏差问题，实行能源差别价格制度；对工业企业产品耗能超过单位产品能源消耗限额规定使用的能源，实行能源超限加价收费，超限使用量按能源计费价格的1到5倍加价收费；进一步完善峰谷、丰枯电价和可中断电价补偿制度；研究制定和调整可替代能源价格，增强可再生能源的竞争力。

（三）强化重点耗能企业节能管理

编制重庆重点高耗能企业节能规划；开展能源审计、能源平衡测试，建立节能责任制；建立和完善能源计量、统计、标准、用能定额考核、节奖超罚等管理制度；采用检查、通报、交流等方式，加强对重点企业用能状况的跟踪、指导和监督。

（四）推进节能新技术的开发应用

针对重庆能源资源有限的现实，围绕沼气、风能、生物质能、地热能、二甲醚等可再生能源和新能源进行开发利用，在工业节能、照明节能、建筑节能等重点领域和工业窑炉、风机、水泵等重点耗能设备方面攻克一批节能关键技术，不断提高自主研发能力，实现节能降耗，缓解能源供需的突出矛盾。

（五）加大生态环境保护力度

环境保护是生态效益好的应有之义，是良好生态效益的基础。重庆加大环境保护的力度，需要做到以下几点：一是注重区域开发与环境保护的协调发展，大力推进污染减排，开展重庆市主体功能区规划的环保对策研究，明确重庆优化开发区、重点开发区、限制开发区和禁止开发区的环保要求和政策措施，切实保护生态不被破坏；二是编制《重庆市统筹城乡环境保护实施方案》，强化城乡一体化环境基础设施建设、城市环境综合整治、农村环境综合整治和重金属污染治理；三是大力实施《重点流域水污染防治规划（2015～2020年）》，加强库区环境问题跟踪监测和生态保护，严格执行《重庆市工业项目环境准入规定（修订）》，禁止不符合产业政策的企业和项目进入；四是创新环保体制机制，健全多元化环保投资融资机制和生态补偿机制，在绿色信贷、公益诉讼代理人制度等方面先行先试；六是加强环境基础能力建设，在各类标准化建设、信息化能力建设、"核与辐射"监管能力建设、环境科技支撑体系建设等方面予以倾斜。

第九章 新时代背景下基于多样化的重庆城镇化的路径研究

重庆新型城镇化的多样化路径是立足于重庆自身,在重庆区域城镇规模结构、有效推进方式、人口转移方式等具体方面设计的多种实现路径。作为重庆新型城镇化路径的具体推进方式,"多样化"是基于重庆经济社会空间与自然地理空间实际而确定的,也是为实现重庆"大城市、大农村、大库区、大山区、民族地区"各自找准适宜路径而做出的现实选择。本章通过对多样化路径的理论诉求以及组合方案分析,具体设计了城镇规模结构多样、城镇推进方式多样、人口转移方式多样等子路径及其方案,旨在为重庆新型城镇化路径的科学选择提供一定的参考和借鉴。

第一节 多样化路径的基本规定

所谓多样化路径就是指新型城镇化的具体推进路径选择的多种、演进方式的多样。新型城镇化应该坚持多样化路径是必然的,而定义好多样化路径的理论诉求和搭建好与其相辅相成的组合方案便成为这一必然的前提条件。多样化路径的理论诉求是从理念和理论高度规划设计新型城镇化的推进模式,包括城镇规模结构、城镇推进方式、城镇人口转移方式三个维度。而与之相对应,新型城镇化的多样化组合方案,必然对应包含上述个方面的详细方案,包括新型城镇化的城镇规模结构多样组合方案、新型城镇化的城镇推进方式多样组合方案、新型城镇化的人口转移方式多样组合方案,三大组合方案的叠加合力构成了实践层面的重庆新型城镇化的多样化路径。

一、多样化路径的理论诉求

所谓理论诉求即是从理论层面对于某个问题或事物的界定,是带有理想设计的一般模式。而新型城镇化的多样化路径的理论诉求也是这一路径理论上的设计,或者说是一般意义上的多样化路径。新型城镇化的多样化路径的理论诉求包括三个方面的内容：第一是城镇规模结构的理论诉求。城镇规模结构就是城镇的发展数量、质量以及空间布局的规定。这一诉求需要不断完善城镇规模结构，合理规划特大城市、大中城市、小城镇的发展规模、比例、空间布局，扩展特大城市功能，集中力量建设大中城市，加快发展小城镇。第二是城镇推进方式的理论诉求。城镇推进方式就是各类型、各区域城镇的推动方式的一般规定。城镇推进方式需要结合城市不同区域的自然地理、人文地理条件，以及经济社会发展水平来考虑。对于经济社会发展水平高的区域应该使用网络化的推进方式，而经济稍显落后的区域则需要点轴状的推进方式。第三是城镇人口转移方式的理论诉求。城镇人口转移方式是城镇化过程中人实现空间转移方式的一般规定。一般意义上人的转移方式有三种：就近转移方式、异地转移方式、梯度转移方式。这三者中就近转移方式是首要的转移方式，异地转移方式是重要方式，梯度转移方式是主要方式。

二、多样化路径的组合方案

新城镇化的多样化路径是一个综合的路径系统，这一系统包含了诸多子系统，而这些子系统分别又包含其自身的子系统，也就是不同的组合方案。这些组合方案也是和实际联系紧密的，是针对城镇地域且含有一般性的特殊组合方案，新型城镇化的多样化路径表明新型城镇化不只是依靠一条路、一种模式，而是多种组合方案的糅合和共生。第一，新型城镇化的城镇规模结构多样组合方案。城镇规模结构是城镇总体布局中各类型初始数目及其分布结构，也就是大型、中型、小城镇各自的规模、比例和空间分布的集合。结合城镇的基本特点，新型城镇化的这一组合方案具体包括如何全面拓展中心特大城市，如何大力建设一大批大中城市，如何加快发展小城镇三大子方案。第二，新型城镇化的城镇推进方式多样组合方案。城镇推进方式在某种程度上也是区域城镇推进方式，而这一方式必须结合区域城镇建设的实际，充分利用现有的发展格式，分别有针对性地运用分散与集中、外延与内聚、据点与网络等推进方式来实现区域经济社会的可持续健康发展。第三，新型城镇化的人口转移方式多样组合方案。人口转移方式是对新型城镇化的应有考虑，人口的转移就是新型城镇化的应有之意。结合人口转移的一般方式和人口结构，主要有三种人口转移方式：首先，就近转移。就近转移既可以满足区域经济发展需要，更能满足人口自身的需要，应该成为新型城镇化人口转移的主要方式。其次，异地转移。异地转移就是将人口由一区域转移到另一区域，这是针对地形条件分布实际，做出的理性选择，可以减轻转出区域的资源人口承载压力，应该成为新型城镇化人口转移的重要方式。最后，梯度转移。

梯度转移就是从小城镇到区域中心城市，再到大城市的转移方式，新型城镇化梯度转移方式就是要求沿着这一路径持续推进，最终推动各类型城镇的共同发展，它是新型城镇化推进的主要方式。

第二节 城镇规模结构多样

重庆新型城镇化的多样化路径首先应该强调城镇规模结构的多样化，形成城镇发展规模的差序化格局。作为一个具有等级、共生、互补、高效和严格"生态位"的开放系统，大、中、小城市和小城镇都应当在统一规范下分工明确、优势互补，增强城市的综合实力。根据统筹城乡综合配套改革试验区的目标任务和国家中心城市的战略使命，重庆新型城镇化发展必须树立城镇集群发展理念，通过科学定位、合理分工，优化城镇体系和空间布局，完善新增城镇功能，全面加快建设国家中心城市，特别要着力提高各层级间的关联度和互补性，使城镇集群各层级、各单元梯次承接，大、中、小城市和小城镇协同发展。

一、全面拓展主城特大城市

总体上，重庆新型城镇化建设需要依据重庆整个区域的资源环境承载能力、发展潜力差异，科学确定城镇化重点地区，逐步构建以主城特大城市为核心，6大区域性中心城市为支撑，"一小时经济圈"城市群为主要空间载体，沿长江及渝宜高速、乌江及渝湘高速带状绵延的"一核六心、一圈双带"的城镇化空间格局，使之成为全市集聚经济和人口的主体区域。

二、建设四级城镇体系架构

构建由主城（重庆主城包括9区）特大城市、6个区域性中心城市（万州、涪陵、黔江、江津、合川、永川）、23个区县城、100个中心镇和其他小城镇组成的大都市连绵带，尤其是要形成以6个区域性中心城市为核心的若干个域内城镇群。第一，实现主城、区域性中心城市、区县城和中心镇有机连接、互动并进。全面提速建设国家中心城市，同步推进主城特大城市功能完善和空间拓展，全面提升城市综合竞争力和国际化、现代化水平。优化功能分区和组团布局，同步推进二环区域开发和核心区优化提升，统筹协调人口分布、产业集聚和功能配套，力争到2020年，基本建成长江上游经济中心、国家重要现代制造业基地、西南地区综合交通枢纽。第二，强化主城区域在交通、金融、商贸物流、科技教育文化等方面的枢纽和中心功能，城市综合服务功能，推进创新型城市建设，建设中央商务区和中央文化休闲区，打造要素集聚、功能完善、宜居宜业、山水园林、独具魅力的国家中心城市。同时，增强先进制造业和现代服务业在该区域的集聚辐射能力，发挥其在城镇集群中的核心引领功能。

三、拉开"二环时代"全面开发格局

全面实施二环区域发展规划，加快建设千平方千米、千万人口的特大城市。第一，内环应优化提升，并大力发展总部经济、服务外包和现代服务业，调整升级城市功能，发展高端服务业，疏解城区人口，改善人居环境。内环与二环之间重点开发，实施大规模工业化、城镇化开发建设，重点发展先进制造业、生产性服务业以及大型综合性生活服务中心，加快建设两江新区、西部片区、东部片区和南部片区，加速人口和产业集聚，建设一批工业园、大型聚居区、城市公共服务中心，加快形成一批新的城市组团。第二，二环以外适度开发，强化生态保障，统筹规划建设小城镇和农村居民点，统筹城乡基础设施、公共服务设施建设。推进二环区域21个大型聚居区建设，充分发挥全市公租房的带动效应，带动区域房地产开发和配套服务，促进人口、产业、交通、市政配套和公共服务"五位一体"，逐步形成若干个20万人口左右的新城区，实现人口和产业加速集聚。到2020年，二环区域的人口将达到900万人以上，主城区常住人口将达到1200万至1300万人。二环高速公路建成通车，标志着我市主城区从内环以内向内环与二环之间及二环沿线地区拓展，全面进入建设千万人口、千平方千米国家中心城市的"二环时代"，作为主城核心增长区域，未来5到10年将是二环区域建设重要的战略机遇期，应坚持工业化与城市化同步、自然和谐绿色发展、整体打造统筹协调、组团布局畅通有序、建管水平共同提升等发展导向，通过实施产业高端战略、开放创新战略、科学城市化战略、"三生"协调战略（山体生态廊道、水系生态廊道、交通绿色廊道和以城市绿地板块为主体的区域生态绿地系统）、以人为本战略、可持续发展六大发展战略，将主城打造成为要素集聚、功能完善、宜居宜业、山水园林、独具魅力的千万人口、千平方千米的国家中心城市。到2020年，二环区域新增集聚人口600万人左右，达到900万人以上（加上内环以内人口，主城区常住人口将达到1200万至1300万人），人口城镇化率接近100%，工业总产值达到2.5万亿元左右。

四、以两江新区为龙头，形成"1+2+2"的国家级开发区格局

为实现这一目标，未来5至10年，二环区域将实施大规模工业化、城市

化开发建设。第一，在产业定位上，建成以信息产业为核心的国家重要的战略性新兴产业基地、以装备制造为核心的国家重要的先进制造业基地、以高技术服务为核心的西部地区现代服务高地。通过产业合理布局形成以两江新区为龙头及西永综合保税区、两路——寸滩保税港区、重庆经开区、重庆高新区为支撑的"1+2+2"国家级开发区格局。充分利用区域内现有的 8 个市级工业园区，按照重点发展、调整优化、发展提升等不同导向进行分类发展。第二，加强二环区域工业投入产出强度和环境准入管理，二环以内应达到每平方千米投入 70 亿元、产出 120 亿元以上，外围组团应达到每平方千米投入 60 亿元、产出 100 亿元以上。第三，在功能分区上，二环区域不会"摊大饼"，将形成 9 个城市功能区和 5 个生态功能区，在城市功能区中规划布局 18 个城市组团，其中将蔡家、悦来、空港、西永、"两福"（江津双福、九龙坡巴福）、西彭、龙兴、鱼嘴、茶园、界石 10 个城市组团建设成为能集聚较大规模新增城市人口的新城，还应强力推进产业和人口集聚，完善交通、市政设施、公租房等公共服务配套。铜锣山、中梁山、缙云山三座山，将重庆划为了三大组团：东面是以两江新区为主的装备产业，将形成 1 万亿产值；西面则以西永电子产业为主导，将形成 1 万亿产值；中间以北碚、北部新区和大渡口等为主，主要发展金融、商贸服务业，产值将达 5000 亿元。2020 年，全市工业产值预计将达 5 万亿元，而主城区三大组团将贡献 2.5 万亿元。

五、提升区域性中心城市辐射带动功能

重庆新型城镇建设需要以壮大经济实力、增强区域辐射能力为重点，加快建设万州、涪陵、黔江、江津、合川、永川等区域性中心城市，努力发挥辐射带动区域城镇群发展的功能。

（一）推动"一圈两翼"城市布局

重庆全市总体布局中，形成了"一圈两翼"的基本格局。1999 年至 2005 年，"一小时经济圈"非农业人口一直以逐年增加的趋势向主城区聚集（2001 年构建了三大经济区），2006 年"一圈两翼"的提出，较好地带动了"一小时经济圈"主城区外圈城市规模的发展，要实现 2020 年 5 个大城市、7 个中等城市的目标，应重点培育非农业人口数大于 25 万的江津、涪陵、合川、永川等区县，第一，随着"成渝""渝遂"高速公路（铁路）主骨架的建成，由公路、铁路、水运交织组成的综合交通网络将"一小时经济圈"主城区外的各级城镇有机地联系在一起，城镇连片发展趋势明显，形成了合川、永川、江津三个区域中心城区，众多小城镇构成的城市群框架；上述区县基础设施

建设进一步完善，主城区"退二进三"的企业大量入驻和乡镇企业的高速发展两大因素成为其城市化的重要动力。第二，支持万州加快建成重庆第二大城市，提速发展涪陵区、黔江区、江津区、合川区、永川区其余五个区域性中心城市，大力发展其他区县城，建设一批大中城市。具体来讲，万州区要加快促进江南新区、滨江环湖地区和工业园区开发，建成渝东北经济中心和三峡库区对外开放的重要门户；涪陵区应紧紧围绕其江南万亿工业走廊核心区和乌江流域集散中心的定位，加快各大工业园区的建设和李渡、坪上新城的开发；黔江区要加速城市组团拓展、工业园区开发和区域公共服务设施建设，建成渝东南中心城市、武陵山区重要经济中心；江津区应加快几江、德感旧城改造和滨江新城开发，全力推动双福、珞璜等工业组团建设；合川区应积极构建"一心六片"城市体系，加快推动工业"一园六区"布局；永川区要重点打造中心城区，加快凤凰湖等三大工业园开发。通过努力，把江津区、合川区、永川区建设成为重庆重要的产业基地、渝西地区区域性经济中心和成渝城市群的战略支点。总之，加快建设万州、涪陵、黔江、江津、合川、永川等区域性中心城市，按2020年共同集聚500万城市总人口规划区域性中心城市规模，努力形成产业实力强、城市功能全、要素集聚多、内外开放度高的较大经济体，充分发挥对区县经济的示范标杆作用、对周边地区的辐射带动作用、对全市经济社会发展的战略支撑作用。第三，加大对区域性中心城市规划、土地、项目布局、枢纽建设等的扶持力度。优化完善城市规划，科学保障城市建设必需的用地需求；优先布局重大产业项目；加快建设对外高速公路、国省道公路等公路骨干网，率先建成畅通的城市；保障油、电、气等要素供给；完善行政管理体制，进一步下放市级管理权限，支持改革试验、开放试点，不断增强创新活力。

（二）明确区域性中心城市规划规模及发展方向

为优化全市空间战略格局，解决我市区域发展存在的"小马拉大车"突出问题，构筑起多级支撑、多点带动的区域经济体系，我市应要重视培养壮大区域性中心城市。六大区域性中心城市已进入提速增量的黄金发展期。为此，针对不同区域的实际情况，结合重庆区域中小城市规划，我市需要分别进行详细规划。第一，明确六大中心城市的城镇规划，按照将万州区建成重庆第二大城市、全市城乡统筹发展的特大城市、加快发展的重要增长极、渝东北地区及三峡库区的经济中心、对外开放的重要门户、和谐稳定新库区的示范区和库区生态安全的重要屏障的定位要求，到2020年，城区人口要达到100万人以上，城区面积要达到100平方千米；按照将黔江区建设为渝东南地区中心城市和武陵山区重要经济中心、渝鄂湘黔毗邻地区公共服务高地、民族地区扶贫开发示范区和重庆东南开放重要门户的定位要求，到2020年，城区人口要达到35万人，城区面积达到35平方千米；按照将涪陵区建设成为全市重要经济增长极、重要工业基地的核心骨干、国家中心城市重要腹地的战略后援、"一圈两翼"发展格局中的战略支点、城乡统筹发展的现代化大城市的定位要求，到2020年，城区人口要达到80万人左右，城区面积要达到70平方千米；按照将江津区建设成为国家中心城市重要拓展区、辐射川南黔北的重要门户、全市重要的先进制造业基地和现代物流基地的定位要求，到2015年，城区人口要达到60万人左右，城区面积要达到60平方千米；按照将合川区建成全市北部中心城市、中国知名旅游城市、全市重要的装备制造、轻纺及能矿产业基地和物流节点的定位要求，到2020年，城区人口达到60万人左右，城区面积要达到60平方千米；按照将永川区建成全市西部中心城市、重要的工业基地、商贸物流中心和职业教育基地的定位要求，到2020年，城区人口要达到60万人，城区面积要达到60平方千米。第二，大城市形象日益凸显。2020年，城区常住人口分别增加0.78万至2.8万人不等，呈净流入状态，集聚人口能力不断增强。城市规模提升的同时，城市品质日益提升，中心城市形象渐显：万州实施"一江两岸、三大片区、八大组团"大城市战略；涪陵加速"西进、东扩、北跨、南改一城两区"大城市骨架全面拉开；江津实施"一江两岸"城市发展战略，建成东部新城，加快建设滨江新城；合川"点线面"并举，构建"一心六片"组团式城市发展格局；永川确定以"三湖"为依托，构建集中体现大城市形象的城市空间；黔江"一城四组团"中心城市框架初步形成。第三，结构优化效益提升，产业结构进一步优化，2017年万州、黔江、涪陵、永川非农产业比重超过90%，江津、合川达到85%，均比去年提高1至2个百分点。经济发展效益整体提升，2017年6区共实现地方财政收入217.2亿元，各区增速均在56%以上，其中万州、永川分别达到86.2%、82.2%，与上年相比分别提高20至30个百分点，财政实力显著增强。城乡居民收入大幅增长，城镇居民人均可支配收入同比增长均达到11.5%，高于全市平均增速0.2个百分点；农民人均纯收入呈现高增长态势，万州、黔江、涪陵增速均超过19.3%（高于全市1.5个百分点以上），江津、合川、永川达到7000元（高于全市1800元左右），城乡居民收入快速增长同时，城乡收入差距逐步缩小。

（三）加快发展区县城与小城镇

加快发展区县城和小城镇是重庆新型城镇化发展的一个关键点，中小城镇作为未来重庆城镇化发展的重点需要给予足够的重视，这对于推动重庆新型城镇化持续发展至关重要。重庆区县城作为区县域经济的重要支撑，在重庆新型城镇化过程中起到很大的作用；而小城镇作为城市的重要节点，对于连接县域和区域城市作用巨大，需要同步推进。

重庆全市的23个区县城作为新型城镇化的重要支撑点和环节，作为整个重庆新型城镇化体系的重要一环，应充分发挥其对区县域经济的支撑功能，坚持产城同步发展，逐步使其成为区县域经济中心、农村劳动力转移的主要载体和承接之地。遵照重庆整体新型城镇化发展规划和布局，遵循区县域城镇发展规律，因地制宜地编制本区县内城镇规划，完善县域内的主体功能区规划安排，科学定位区县的主体功能，促进区县域的差异化发展，优化中心城区的功能布局，新兴组团通过完善居住、商务、交通、教育、医疗、文化等服务配套，引导人口向新区集聚，同时还需大力帮扶区县不断完善交通市政、商贸物流、科教文化、卫生体育等公共基础设施，鼓励有条件、有需要的区县大力建设区域性、专业性公共服务中心。重点推动基础条件好、发展潜力大的区县城壮大规模、完善功能、突出特色，逐步建成一批20万以上人口规模的中等城市。

进一步实施已有的"一圈两翼"战略，加大对区县域的政策扶植力度，统筹和促进各区县的联动发展。一方面，可以依托长江黄金水道及其他交通干线的功能，打造渝东北区县域的特色经济板块。另一方面，还需要大力支持渝东南发展区域民俗生态旅游、绿色食品加工和矿产资源开发，积极建设武陵山区特色经济示范区。积极主动支持资源类的城市发展转型，并鼓励重庆与其他省份相交地带的区域性边贸发展。同时，还需要进一步支持区县域建设富有特色的商圈和特色街区，形成一批有一定规模的物流基地，推动区域特色旅游和边贸经济发展。不断完善区县城镇功能，突破发展的瓶颈。发挥"一圈"地区特色园区的产业优势，加大对东中部地区产业转移承接的力度，而区县城则应积极主动地承接中心城市产业的辐射，并根据自身资源禀赋和区位条件，培育各具特色的支柱产业，同时避免城际间产业的同质化，大力优化园区产业的布局，促进园城互动。

此外，还需要进一步整合各类专项建设资金，大力帮助区县域解决存在的规划、土地、能源、融资等疑难问题，并规划好取消市级以上重大项目建设资金的区县，配套的时间安排。为促进区县域发展资金的筹集，需要加强区县域内的投资融资平台建设和管理，既为区县域的发展提供资金支持，又使其能够保持较为合理的负债水平，有效地防范可能带来的风险。在此基础上，还需要增强渝东北和渝东南两翼贫困区域和贫困人口的自我造血能力，大力开展扶贫开发,减少绝对贫困现象。通过积极实施新一轮的生态移民和扶贫移民开发工程,加快实现区县域内的整村脱贫与连片开发,尤其是重视开展武陵山区扶贫攻坚试点,扎扎实实做好渝东南区县的山区地域扶贫开发工作,切实解决发展中的"短板"问题。

小城镇作为未来我国新型城镇化着力推动的部分,数量众多且是承接农村转户人口的主要之地,相较于大城市具有环境好、宜居、压力小等方面的优势是统筹城乡发展的重要节点。重庆还需要培育一批基础条件好、发展潜力大、吸纳人口能力强的中心镇。结合国家城镇化发展战略和重庆区域实际,需要加快小城镇建设,以市级中心镇为重点,不断地完善小城镇各项功能,适当扩大其规模和人口的容量。并将其与附近的新农村建设紧密结合,打造风貌独具、特色鲜明、设施齐备、环境优美、淳朴自然、整洁美观、功能完善的风情小镇和特色小镇。通过积极推动小城镇归并整合,支持市级中心镇建成小城市。按照布局合理、规模适度、功能完备、特色鲜明、生态良好的原则,集中打造100个左右中心镇,示范带动周边小城镇建设。

小城镇应向功能完善、承载能力提升、设施配套、服务跟进、环境优化方向发展。通过各种渠道千方百计提升小城镇的吸引力和整体竞争力,而方向就是着力改善小城镇的整体环境,包括自然环境和人文环境。自然环境方面,应该加大基础设施建设力度,提升小城镇的道路、通信、电力、燃气、给排水、污水和垃圾处理等设施的水平,不断加强小城镇范围内的市容环境整治,搞好净化、绿化、美化、亮化,营造整洁优美的生活环境。人文环境方面,需要发展流通、商贸、餐饮、娱乐等服务业,大力发展群众性教育、卫生、体育、文化等社会服务设施和网络,搞好小城镇住宅区域的人文环境,改善群众居住条件。同时,除了大力建设良好的环境外,还需要在基层治理方面下功夫,加强对小城镇的治理水平。在治理层面,首要的是学习和借鉴发达国家如新加坡等国的成熟有益经验,同时参考国内发达地区和城市的先进管理模式和方法,并在此基础上,开创与本地区、本区域相适宜的较为先进合理的小城镇治理理念。在具体的治理体制和机制上,需要加强小城镇城市治理体制,强化城市治理者的服务能力,加强城市数字化管理水平,划分治理区域,不断向一线人员下放权力,采取教育和综合治理的方法,不断强化小城镇治理。在工作层面,要做到有法可依、有法必依、执法必严、违法必究,营造良好的法治环境,加强基层城区居委会建设,以社区党组织为领导核心,社区居委会和成员共同组成的治理力量,加快管理体制改革,打造标准化、示范化的社区服务,提高社区治理和物业服务水准,从而强化社区组织的实际作用。同时,坚持保持小城镇的特色和活力。

重庆在新型城镇化过程中还不能忘记保持小城镇的特色和魅力，切忌千篇一律地建设单一型的小城镇。这就需要打造具有特色的风景风貌和地域风情，以特色突出小城镇的与众不同，用特色展现小城镇的生命活力。完善小城镇的自然和人文风貌，需要考虑既有的自然人文条件，以及历史传承、传统风貌等特点，从小城镇发展的实际出发，因地制宜地改造小城镇的风貌，进而营造各具特色的小城镇。首先就是需要处理好积极开发与环境保护之间的关系。从小城镇本地的发展环境和条件出发，积极营造地域自然景观特色，在尊重自然环境的前提下，合理高效地促进小城镇的开发，创造良好的人与自然相和谐的民居。其次，正确处理好历史传承与开拓创新的关系。充分重视小城镇的历史文化传承，将其作为小城镇开发的瑰宝，并积极融入现代文明成果，将历史与现实结合。对本地的人文风情、民俗传统筹进行充分的发掘和研究，找到其有价值的部分，去粗取精，加大历史文化传承，结合时代特质，营造古今结合的文化氛围。再次，妥善处理好地域共性与区域个性的关系。一方面，小城镇建设应该放在大的地域范围内进行，保持地域文化的整体性、协调性、统一性。另一方面，也要注意小城镇本区域内的特色氛围的营造，尤其是在建筑风貌方面，应当保持区域特色，通过精心规划、设计、打造、开创具有小城镇自身独有标准的建筑和其他景观。最后，还要注意能够找到小城镇自身最大的特色，打造自身的名片。坚持唯一性、不可复制性、独创性的方针指导小城镇开发建设，充分利用小城镇独有的自然和人文资源，打造具有小城镇特色的风貌，提升小城镇的整体吸引力和核心竞争力，从而不断提升小城镇的知名度和美誉度，打造具有小城镇自身特色的城市名片。

第三节 城镇化推进方式多样

新型城镇化的多样化路径之二便是其推进方式的多样化，推进方式涉及城镇化的具体发展道路问题，影响甚大，不可不考虑。一般来说，分散与集中、外延与内涵、据点与网络是当今世界范围内城镇化的主要推进方式，分别适用于不同的城镇化发展阶段。同时，分散、外延、据点型的新型城镇化相似，是初级阶段城镇化常用的方法，适用于经济发展水平和城镇发展水平较低的地区；而集中、内涵与网络的新型城镇化相似，适用于经济发展水平和城镇发展水平较高的地区。重庆地域范围广大，经济社会发展状况参差不齐，其新型城镇化路径必定要因地制宜，以差异性和多元性为主要特征。因此，对重庆新型城镇化的多样化路径而言，需要结合不同区域（主要是主城区，"渝东北翼""渝东南翼"大片区）的实际情况分而治之。第一，对于主城区而言，经济社会整体发展水平较高，较适合后一种发展方式，故而这一区域采取网络化的推进路径。第二，对于"渝东北翼"而，既需要考虑经济社会水平，又要考虑区域自然地理条件，沿着长江水系呈带状分布，进而演进出这一区域的带状路径。第三，对于"渝东南翼"而言，自身经济社会发展水平不高以及自然地理条件的限制，需要充分利用附近的高速公路沿线和铁路沿线条件，发展适合自身的点轴状推进路径。

一、主城区：网络化路径

2016年重庆主城区GDP总量为4955.80亿元，人口为795.36万人，人均GDP为62309元，城镇化率接近85%。主城九区的经济社会发展水平在重庆市域内是最高的，城镇化发展水平亦最高。新型城镇化已经有一定的发展基础，因而需要选择内涵式、集约型、网络化的推进路径。从2014年开始，主城九区的所有区域全面进入推动外环大发展的时代。一方面，主城九区需要进一步着力于重大公共服务设施，如加快区域之间的高速公路、城市快速铁路、轨道交通的发展；另一方面，还需要大力拓展市政基础设施规划建设，从水、电、气等基础设施进行规划建设，以提升主城九区的综合服务功能，走内涵式的推进路径。同时，依托便捷的综合交通网络，按照国家中心城市目标，都市区要加快建设北部新区，提速开发西部新城、东部片区和南部片区，形成一批新的功能组团城市，建设一条连接各组团城市和卫星城的快速通道、绿色廊道，形成"片区+组团+功能区+快速通道+绿色廊道"的网络式布局，其实质也就是一种紧凑发展的集约型路径。

对重庆主城区域新型城镇化的网络化推进方式而言，需要有较为强大的整体实力支撑。要提升主城区域的整体实力和核心竞争力，就需要坚持主城率先发展战略，并通过核心竞争力的提升辐射带动区县域的发展。最为主要的推进路径便是不断强化主城区域的综合立体交通枢纽、各类金融服务、商贸物流服务等城市功能，大力推动主城区域创新型城市、智慧型城市建设，通过进一步推进工业化、信息化、城镇化以及农业现代化，建成各种类型的工业聚集区、城镇聚集区、高新技术区、现代农业区。实现上述目标，一方面需要加快大型基础设施和产业集群的发展推动第二产业的快速扩张。重点放在城市内部的快速通道、便捷运输的发展，尤其是发展城区内部的轨道交通，以及城际间的高速铁路网络，对外还需要建立海上和陆地两方面的对外开放通道。同时，重视市政公用设施规划建设，保障居民日常生活的供水、供电、供气正常，尤其是解决水资源保障的问题。从整体上提升城市的人口承载能力。另一方面，还需要从软环境、软条件方面推动主城区域发展，主城区域应该借助于城乡统筹的政策指引,率先推动城乡一体化的教育、公共卫生医疗、社会保障、公共文化服务享受、住房保障、户籍管理制度等基本公共服务,并从整体上保障城乡公共服务的均等化,保证更大范围内的公平。同时,还需要不断完善主城区域特大城市的功能和空间拓展,全面提升主城区域的综合实力、国际竞争力和现代化水平,此外,从主城区域空间布局来分析,主城已经进入二环全面发展时代。一是优化主城空间产业布局,内环地区主要发展总部经济、服务外包和现代服务业以及商贸物流、高端服务业;内环与二环之间区域则重点发展大规模的工业园区,推动这一地区工业化、城镇化同步推进,优先发展先进制造业、现代生产性服务业;而二环以外区域则需要强化生态保障,统筹城乡基础设施、公共服务建设。二是改善主城人口分布结构。内环地区要合理地向外疏导人口,减轻内环地区的人口压力,改善其人居环境;内环与二环之间点规划发展容纳千万级人口、占地千平方千米的特大人口聚集地,建立大型的生活服务区,重点推动两江新区、西部片区、南部片区、东部片区的人口聚集,加快形成一批新的城市组团;二环以外坚持适度开发的原则,通过统筹规划,逐步建设各种类型的小城镇和农民居民点。

二、"渝东北翼":带状路径

"渝东北翼"包括万州、垫江、开州、丰都、忠县、奉节、云阳、梁平、巫山、巫溪、城口 11 个区县,面积 3.39 万平方千米,经济发展水平相对较高。"渝东北翼"应该积极充分利用沿江城山带的特点,依托长江以及沿江铁路、高速公路构成的东北线城镇发展轴发展,形成以万州为核心,以开州、奉节为主要节点,其他城市和建制镇为基础的带状城镇发展区。这一区域较之于主城的经济社会水准还有不小的差距,但是作为三峡库区的核心地带,发展势头迅猛。总体上来讲应该加大渝东北区域的开发力度,做好区域性中心城市发展规划,合理引导产业、人口、土地、项目的布局。一方面,从硬条件建设来说,要优先进行产业布局规划,安排重点产业项目;加快建设城区内外快速通道,从高速公路、高速铁路、快速水路、高速公路等多方面建立便捷通道网络,重点建设畅通的交通网络;保障区域发展所需要的石油、天然气、电力、自来水等有效供给,并保持适度的污染物排放水平;优化城区空间布局,完善城市规划,科学合理地保障城市开发建设的用地需求。另一方面,从软环境建设来看,首要的应该是大力保护环境,高效使用各类资源,坚持生态环境保护和产业发展同步推进,并保证民生服务的齐头并进;同时,利用各种政策优惠,支持这一区域的改革发展,先行先试,增强区发展活力，改革区域行政管理体制，从而增强区域发展的后劲，逐步实现区域的繁荣发展。

针对渝东北区域的实际情况，应该从各个方面加快这一区域的发展。首先，这一区域要充分利用好区域的各项优惠政策，坚持第一、第二、第三产业的协调发展，将自然资源开发、生态环境保护与居民生改善同步推进，"提速提档"发展，逐步实现繁荣稳定。其次，在现行的城镇化格局下，利用地域现有优势，充分发挥万州作为全市第二大城市和渝东北地区区域性中心城市的功能作用，培育壮大"万开云"城镇群，推进垫江—梁平、丰都—忠县轴状开发，形成"点轴"状城镇化、工业化空间开发格局。再次，结合区域的资源环境情况，大力发展资源节约、环境友好、能充分带动就业的特色优势产业体系；整体规划、建设和营销长江三峡国际黄金旅游带。提升长江黄金水道航运效率，加快建设铁路、高速公路干线，着力解决城口、巫溪等偏远区县交通难问题。最后，大力发展劳务经济，提高劳动者素质和就业能力，打造劳务品牌，以劳务开发为重点促进人口有序梯度转移。注意以渝东北地区为纽带，促进渝、陕、鄂区域合作，加快大巴山等毗邻地区发展。

三、"渝东南翼"：点轴状路径

"渝东南翼"包括黔江、酉阳、秀山、彭水、石柱、武隆 6 个区县（自治县），面积达 1.98 万平方千米，经济发展水平较为落后，属于重庆地域典型的大农村、大山区、少数民族聚居区和连片扶贫开发示范区，新型城镇化推进任务异常艰巨，但意义重大。对"一圈两翼"之一的"渝东南翼"来说，需要主动依托乌江和渝湘高速公路、渝怀铁路等构成的东南线发展轴，形成以黔江为核心，以秀山为主要节点，其他城市和建制镇为基础的点轴状城镇发展区。这一片区的发展在重庆来说相对滞后，因为受限于地理条件以及落后的区域经济基础，这一区域推进新型城镇化必须坚持产业发展与城镇建设同步。首先，就是要坚持产业发展与基础设施建设并重，资源开发与环境保护并举，人口转移与扶贫开发相促进，建设经济发展、社会和谐、生态友好的武陵山地区经济高地；其次，强化黔江区域的经济中心功能，有序地开发建设其他县城，形成"一核多点"的城镇化、工业化空间开发格局；最后，大力发展民俗生态旅游、现代山地生态农业、绿色食品加工等特色产业，择优开发优势矿产资源，发展清洁能源产业，加快交通、能源、水利、工业园区等基础设施建设，着力改善生产生活条件。

从渝东南地区的实际情况来看，渝东南地区应该坚持赶超型的战略，快速提升这一区域的发展实力。这一地区新型城镇化的建设需要首先认识该区域的发展实际，认识到该区域农业基础薄弱、工业实力不强、服务业滞后的现状，进而从这三个方面进行突破，加强基础能力建设，强化产业支撑，发展社会公共事业，保障和改善民生，整体上推动这一区域的发展。首先，根据重庆新型城镇化发展的总体规划，制定好本区域城镇化发展规划，推动城镇建设、产业进步，以及现代农业的发展。根据区域实际，高标准、高水平地制定各个区县、乡镇的发展规划。其次，需要重点发展工业。一方面，需要搞好招商引资，吸引有实力的企业入驻，大力承接国内外、市内外的各类合适的产业转移，积极引进劳动密集型和产业配套型产业。另一方面，需要多方筹措资金，通过积极争取国家转移支付、市级财政扶植、招商引资、银行贷款、城投公司融资、个人投资等多个渠道积极筹措建设所需要的资金。积极利用好政府财政补贴政策，用好财政补贴专项资金，将资金花在刀刃上，提高资金的使用效率和效益；同时，还需要建立各类投资融资平台，积极解决中小企业、微型企业、个体经营户、农业经营户的贷款难题。再次，要加快区域的改革力度，扩大试验范围，破除制约区域经济社会发展以及新型城镇化推进的体制机制障碍。统筹建设城乡居民一体的户籍、教育、医疗、社保、就业、住房等公共服务，打破城乡之间的二元结构体制，在深化乡镇机构改革和土地改革方面加大实验的力度和步伐。最后，要通过加强区域合作，实现互利共赢。需要在该区域强化区域内外互动，打造武陵山经济协作区，实施易地扶贫、生态移民、片区开发、整村脱贫，不断强化对区域内少数民族聚集地区的政策扶持力度。

第四节 人口转移方式多样

重庆人口转移拥有众多推动因素，这些都成为重庆人口转移的动力来源。一是大城市带动大农村、大山区、大库区的特殊市情，主要就是存在城乡收入和区域发展差距，这一基本市情就使得农村人口转移进入城镇具有巨大的动力。一方面，农村地区经济相对落后，各项事业发展缓慢，而且人口众多，生活条件普遍不好，同时远郊区县以及民族聚居区域经济发展水平也相对较低；另一方面，城镇地区经济社会文化水平相对较高，社会保障和服务相对发达，就业机会和收入提高可能性更高，具有巨大的辐射效应，同时主城区域或者中心区县经济水平相对较高。两方面的推动力让农村居民具有强烈的人口转移需求。二是新型城镇化提升拉动。直辖以后，重庆进入了经济社会发展的快车道，截至2016年底，重庆GDP已突破万亿，达到11459亿元，同比增长13.6%，进入万亿俱乐部，增幅列全国第二，西部第一。经济的高速发展必然带动新型城镇化的推进，2016年城镇化水平也已经超过50%，达到了56.98%，并高于全国平均水平。新型城镇化的推进更进一步地拉动农村人口转移入城镇。三是大量农村富余劳动力的出现。农村富余劳动力主要是由于农村人口生产积极性和效率双提高而产生的对人力资源的"挤出效应"，农业需要劳动力数量持续减少，农村容纳不了这么多的人口务农。大量的农村富余劳动力出现，带来了很多的压力，很多农民基于理性选择，纷纷进入城市务工或者经商，大量的人口从农村转移出来，而且还有很多在城市扎下根，将户籍转到城镇地区。这三种推动力量共同促进了重庆人口的转移。

与此相对，重庆人口转移还有更多的制约因素。一是城镇本身的吸纳能力不强。新型城镇化建设过程中还存在诸多不足之处，比如城镇本身经济社会发展实力不够，受制于地方产业发展水平、新增就业能力、地方财税收入能力、城市公共服务能力、城市资源和空间水平，吸纳人口的能力有限。如果大量人口短时间内涌入城镇，必将为新型城镇化带来巨大的麻烦。二是人口转移缺乏理性的引导。重庆农村人口转移主要有市辖区范围内的就近转移、异地转移、梯度转移，以及向外省，尤其是东部沿海地区转移；同时，还有部分返乡农民工从外省回到重庆市。大量的人口更多地向经济发展水平高、城镇化水平更高的区域转移，尤其是集中向主城区域、六大区域中心城市转移，加重了这些地区的人口负担，整个人口转移缺乏一个较为有效的理性指引，这是转移人口综合素质不高且有着相关政策的制约。转移人口大多来自农村地区，农村人口大多由于受教育年限的制约，直接导致转移人口整体素质不高，进城后不能够很好地融入其中，总是有一种"被排斥"的感觉；同时，由于政策方面的桎梏，进入城镇的农民并没有享受到相应的城镇人口的待遇，在教育、就业、医疗、住房、社保、文化等多个方面与城镇居民存在巨大差别，并没有因为进入城镇就业而改变自身的处境，这在很大程度上是由于城乡二元分立所引致的城乡隔阂和分立导致的。这三方面因素限制了人口的转移，也阻碍了新型城镇化的推进。

结合重庆新型城镇化的规划安排，现实的新型城镇化人口转移路径应该是"小城镇—中小城市—大城市"这样的梯度转移模式。第一步，向农村居民聚集点转移。通过规划乡村建设，改造自然村落，实施新居工程与农村危旧房改造，引导农村居民就近有序转移和集中居住。在统筹城乡建设和新农村建设逐步推进的过程中，扩大农村集中居民点建设，形成新型农村居民聚集区，而这点重庆市早已经开始实施了。第二步，向小城镇转移。小城镇作为减缓大城市压力的"蓄水池"，尤其是国家重点镇和市级中心镇，要充分发挥县域次中心的人口集聚功能，积极吸收就近转移的农村人口，缓解大中城市的压力。第三步，往内外环之间区域转移。在主城内外环之间的区域，由于公共租赁房布局、城市新组团发展以及新兴产业崛起，可以成功吸纳500万人口，形成20～30个20万～30万人口的集聚区，成为农村人口集聚的主要空间。人口迁移的梯度特征是重庆新型城镇化推进中不可避免的趋势。

一、就近转移

就近转移模式是重庆新型城镇化进程中人口转移的首要模式，主要表现在农村人口向农村附近小城镇、区县城及区域性中心城市转移。随着重庆城乡一体化建设的推进，以及相应的配套户籍、土地、社会保障、就业等方面的政策改革，大量的农村剩余劳动力向区域性中心城市、区县城及小城镇转移，反映了整个社会经济发展、社会结构变化的整体趋势。

大量的农村富余劳动力的集中就近转移，需要有适量的转移就业平台，也即是转移的渠道，重点是转移就业的渠道。一是将就近转移与新型工业化建设结合，引导农村富余劳动力向新型重化工业、矿产开发等支柱产业转移，通过本地企业积极吸纳农村富余劳动力就近转移。二是将就近转移与新型城镇化建设结合。鼓励农村富余劳动力向新型城镇化基础设施建设、重大工程建设、房地产开发、保障房建设、旅游开发等产业转移。三是将就近转移与新农村建设相结合。安排农村富余劳动力参与农村本身的基础设施建设，诸如公共水利设施、公共道路、农村居民点等建设。四是将就近转移与农业现代化结合。积极发展观光农业、设施农业、花卉苗木等，鼓励农村富余劳动力在农业产业化进程中转移增收。

除了适当地转移就业平台外，还需要建立各类型的就近转移的承接平台。因而，需要加快新型城镇化建设步伐。重点发展区域性中心城市、区县城以及小城镇来吸纳农村富余劳动力的就近转移。重庆需要结合各地区实际，因地制宜地推动城镇化进程，新型城镇化建设目标由简单的控制城镇规模向主动发挥城镇聚集效应、形成合理的城镇体系转变。区域性中心城市大力发展新型工业化，区县城和小城镇则要积极承接区域性中心城市及农村之间的产业和要素传递，积极吸纳农村人口的就近转移。一是大力优化产业结构，促进新型工业化、信息化以及农业现代化发展，推动区域性中心城市以及区县城的产业聚集，加快小城镇产业的发展，尤其是乡镇企业的扩大发展。二是完善区域中心城市、区县城及小城镇城市布局。引进劳动密集型、资金密集型产业和区域性基础设施向区域性中心城市、区县城聚集，提升其辐射能力，引导农村富余劳动力向二、三产业转移。三是完善就近转移配套政策措施。农村富余劳动力的就近转移需要相应的配套政策支援，包括相应的土地政策、户籍政策、社会保障政策等。通过大力发展城镇综合服务功能体系建设，完善城市交通、住宅、市政公用设施，促进农村富余劳动力向区域性中心城市、区县城和小城镇就近转移。

二、异地转移

异地转移模式是有别于就近转移的另一种人口转移模式，表现在人口向异地、外地的转移。结合重庆"一圈两翼"的实际关系，应积极引导农村富余劳动力向"一小时经济圈"及全国转移。

重庆东北地区地形较为复杂，山地和丘陵地带所占比例较大，自然地理条件不佳，同时处于三峡库区，库区生态保护任务巨大。为应对重庆东北区域特殊的自然地理条件、社会经济发展结构，以及所肩负的生态环境保护职责，这一区域应选择非均衡的、集约型的城镇化道路，实现超常规发展，引导区域人口异地转移，促进偏远地区、发展困难地区农村人口向县城、区域性中心城市、"一小时经济圈"乃至市外转移。

重庆东南地区自然地理条件更为复杂，新型城镇化任务也更为艰巨。总体上来说，要坚持产业发展与基础社会建设并重的方针，使资源利用与环境保护同步、人口转移与扶贫开发并举，围绕武陵山地区重点打造经济发展、生态和谐的发展高地。一是通过不断强化这一区域与"一小时经济圈"的互动，全力打造武陵山经济协作区，大力开展扶贫开发工作和生态移民工作，并有效地加大付少数民族地区的照顾和扶持。二是充分认识该区域作为大中城市与城镇及广大农村之间的产业组织和要素传递的承接地，在大力开发的同时，必须留够该区域城镇建设用地，但同时应控制一般城镇规模，高效地将区域内有条件转移的人口向"一小时经济圈"内转移。三是不断优化产业功能布局，合理引导人口向重点发展区域转移，不断强化"一小时经济圈"对渝东南地区劳动力的吸纳能力，促进农村富余劳动力的转移与就业。四是构建合理的政策引导机制，为异地转移的人口提供制度保障。充分发挥地方政府的作用，逐步完善公共服务体系，进一步拓宽异地人口转移渠道，有组织地开展劳动力输出与异地转移。

三、梯度转移

梯度转移是另一种人口转移模式，有效弥补了前面两种人口转移模式的空缺，完善了有效的人口转移结构。"一小时经济圈"内需引导人口梯度转移和合理分布。加快工业化、城镇化进程，为人口转移提供广阔的就业空间和定居条件。完善户籍、就业、安居、社会保障等政策，按照"就业—安居—

定居"模式,引导人口从农村—小城镇—中小城市—大城市及特大城市进行梯度转移。按照"就业—安居—定居"模式,利用"一小时经济圈"和区域性中心城市人口聚集的虹吸扩散作用,引导人口从农村向小城镇、中小城市、大城市及特大城市梯次转移。充分利用"一小时经济圈"就业吸纳能力,鼓励有条件的劳动力转移到"一小时经济圈"就业安家。以产业集中布局为依托,重点考虑基础设施承载能力、资源环境容量、城市发展规划、经济合理性以及劳动力素质培养等多方面因素,鼓励具备相应劳动技能的劳动力集中在主城特大城市拓展区、区域性中心城市和大城市、区县政府所在地、100个重点小城镇落户。

"渝东北翼"以劳务开发为重点促进人口有序转移。大力发展劳务经济,提高劳动力素质和就业能力,打造劳务品牌,以劳务开发为重点促进人口有序梯度转移。以渝东北地区为纽带,促进渝、陕、鄂区域合作,加快大巴山等毗邻地区发展。以劳务开发为主要途径,结合教育移民、投资移民、生态移民以及三峡移民完善户籍管理制度,实施更加人性化的户口迁移政策,切实消除附着于户籍制度的就业、社会保障等歧视性政策,消除人口转移定居的制度性障碍,促进人口稳步有序转移并在外定居,实现人口合理分布,切实减轻经济社会发展和资源环境的人口压力,从根本上实现区域协调发展。

"渝东南翼"促进人口梯度转移。加快黔江区域性中心城市产业培育,增强城市集聚辐射功能和就业吸纳能力,重点引导渝东南彭水、酉阳等就近区县劳动力向黔江就业转移。加强县城、中心镇建设,引导农村居民就近转移到县城、中心镇就业和定居。建立完善的劳动力就业转移机制,以农民工养老保险、大病医疗保险和工伤保险为重点,加快建立农民工社会保障制度,推进经济适用房、安居房、廉租房、农民工公寓建设,优先引导优秀农民工在城镇安家落户,推动其真正由农民转变为城市居民,并带动人口由农村向城镇转移。结合扶贫和新农村建设,引导居住于边远山区等生存条件恶劣地区的贫困居民向山下乡村转移集中。实施易地扶贫工程,稳妥推进县域内易地扶贫。加强规划和统筹协调,采取分散安置、集中安置、梯级移民安置等多种形式,对居住在生存条件恶劣区域的贫困人口,实施易地扶贫搬迁工程,从根本上改变农村贫困人口的生产生活条件。积极开展跨区域易地扶贫试点,探索在黔江、秀山建立易地扶贫移民安置试点,采取"群众自愿,政府推动"的方式,通过对口培训、定向定点招工等形式,引导贫困地区人口实现梯度转移。

第十章 新时代背景下基于制度创新的重庆城镇化路径研究

城镇化路径发生转型,其实质就是制度的变迁与创新。制度创新是推动新型,城镇化健康、有序发展的基本前提、动力源和有效保证,但由于其行为或效应释放的滞后,造成重庆新型城镇化路径的深层制约。因此,在前文对新型城镇化路径的目标定位、战略框架与现实路径研究的基础上,本章首先对重庆新型城镇化路径的制度供给不足及原因进行较为深入的分析,从总体上设计了重庆新型城镇化路径的制度创新架构,并以户籍制度、土地制度、社会保障制度和农村金融制度为对象,提出了具体的制度安排措施,以期为重庆新型城镇化路径提供有效的制度保障。

第一节 重庆城镇化路径的制度供给不足及原因

推进新型城镇化路径,一方面要"破",即破除原有制度的束缚,消除造成城乡二元结构的体制机制障碍;另一方面要"立",即加快制度创新,使之更好地适应经济规律和市场规律的发展要求。虽然重庆新型城镇化路径的制度供给取得了一定成效,但是在制度设计仍然没有完全打破城乡分割的体制,对推进重庆新型城镇化路径有着一定的梗阻作用。

一、重庆新型城镇化路径的制度供给不足的现状

制度设计的合理性和有效性在很大程度上直接决定了重庆新型城镇化发展的效果。回顾重庆新型城镇化路径的进程,可对重庆新型城镇化路径中制度供给与创新的现状做如下描述。

(一)户籍制度改革不彻底

重庆的户籍制度改革主要是指围绕着进城农民工而进行的一系列关于户口登记管理、户口迁移条件及其相关配套政策等方面的探索与创新。2003 年,

为解决进城农民工的户籍问题，重庆决定在主城9区和百强镇率先全面取消二元户籍结构，实施城乡一体的户口登记制度。考虑到城市经济社会的承受力度，重庆对进城农民工户口迁移限制的相关规定进行了调整；主城区的入户条件是高中以上文化程度、经商且购买了成套商品住房并实际居住，或者在务工就业单位分配有住房、承租房管部门公房并实际居住3年以上，而主城区以外的建制镇（乡）的入户条件是拥有合法固定的住所。自重庆成为全国统筹城乡综合配套改革试验区以来，重庆进行了"农民变市民"的探索，并专门开辟了一条农民工拥有城镇户口的"绿色通道：在重庆有稳定职业、固定居所的农民工，只要有高中或同等学力就可以申请主城区户口。

尽管重庆有关户籍制度的改革正在不断深入，然而基于现有的户籍制度和农村土地管理制度框架，以利用和固化市民的相对福利优势的方式来吸引农民退地进城落户，不仅未能全面释放城乡生产要素的生产力，还不利于进城农民持久分享农村土地权益，这与实现公民自由迁徙和城乡一体化的户籍制度改革基本方向差距较大。第一，重庆户籍制度改革的基础和前提在于继续承认和突出原有户籍制度的城乡利益差别，致力于推动一批符合条件的且实际上已经进城的农民在由农村户口转为城市户口的同时放弃农村宅基地和承包地，这将导致消除附着在户籍的城乡利益差别的改革动力趋于削弱。第二，改革后的生产要素由于农民和市民身份的转换障碍而不能充分流动，资源配置效率必然较低，随着时间的推移，城乡要素生产力未能全面释放的程度将会积累和加重。第三，改革方案增加了新的社会不稳定因素，譬如具体实施过程中较为生硬甚至是强迫式的工作方式，可能会增加农民及新生代农民对政府的不满情绪；受自身条件的影响，进城农民主要在低收入岗位工作，一旦宏观经济出现较大波动，受冲击影响最为严重，极易引发社会动荡；进城农民与留乡农民在未来发展水平相同甚至相近的可能较小，更可能出现的是一群体发展明显优于另一群体，发展滞后群体将形成对"政府之手"的普遍不满或指责。

（二）农村土地制度改革待深入

重庆的农村土地利用与管理制度改革主要涉及农村土地流转及其相关方面，其中以农村土地交易所、户籍制度改革下的农村土地使用权退出等为最大亮点。重庆市出台了《深入贯彻市第三次党代会精神服务重庆统筹城乡发展的实施意见》，明确提出："在农村土地承包期限内和不改变土地用途的前提下，允许以农村土地承包经营权出资入股设立农民专业合作社，经县人民政府批准，在条件成熟的地区开展农村土地承包经营权出资入股设立有限责任公司和独资、合伙等企业的试点工作"。随后，各区县相继出台了《农村土地流转管理办法》，成立了区、乡镇、村多级流转服务机构。2013年，一半的区县和乡镇、37%的行政村成立土地流转服务站；至2014年，区县、乡镇、村土地流转服务机构基本实现全覆盖，从而促进了土地规模经营。2013年，土地流转面积为390万亩，规模经营比例达17%；至2014年，土地流转力度加大，全市流转面积约580万亩，约占承包地总面积的30%。特别是2013年，重庆在全国率先成立了农村土地交易所，在耕地总量不减少的前提下，通过先"补"后"占"，以"地票"收益来反馈农村；2014年，农村土地交易所完成地票交易13500亩，成交金额约12.89亿元；并于2015年建立实物交易信息收集渠道，通过免费为单位和个人发布流转信息，逐步成为农村土地交易信息平台。

考虑到进城农民在城市中的收入水平和社会地位，以及未来经济发展中土地稀缺性的不断提高，农产品价格的上涨，较可能出现的情况是留乡农民整体状况好于进城农民。这种以工商登记将土地权益正式转化为资本的试验开了国内先河，引起了各界关注，被形象地称为"股田制公司"，随后，经过中央农村工作领导小组办公室调研后，"股田制公司"的推进被紧急叫停；温家宝批示要求先行实施"股田改革"的省市要探索以土地入股发展农民专业合作社。

在户籍制度改革中，土地制度作为配套制度亦进行了相应的改革与创新，其基本内容是设定3年过渡期，允许转户农民在最长3年内继续保留宅基地、承包地的使用权及收益权；保留林地使用权、计划生育政策、农村各项补贴等"三件衣裳"。与此同时，实行有偿退地政策，对农民自愿退出的宅基地，政府将对农村住房及其构筑物、附着物给予一次性补偿，并参照地票价款一次性给予宅基地使用权补偿及购房补助；对农民自愿退出的承包地，由村集体按承包期内剩余年限和同类土地的年平均流转收益标准给予补偿，村集体无力补偿的由政府垫付，补偿后的土地仍归属原农村集体经济组织，但形成的建设用地指标（地票）和耕地指标则归政府所属的农村土地整治机构和国有土地储备机构所有，补偿款由政府垫付的承包地则由农村集体经济组织委托农村土地整治机构代为管理，收益"归还农村土地补偿周转金"。重庆农村土地制度改革的政策创新之处在于不仅突破了宅基地使用权禁止转让的规定以及承包权的时间限制和转让限制，还引入了土地开发权制度。

此外，重庆还积极探索了新型土地利用机制，一方面，启动城镇建设用地增加与农村建设用地减少挂钩的改革试点，加强土地整理和耕地保护工作；另一方面，推进农村土地确权工作，对农村集体土地所有权进行确认、登记和颁证。重庆市政府《关于开展农村土地承包经营权确权颁证工作的意见》（渝府发〔2010〕82号）印发，进一步为农村土地承包经营权的确认与颁证提供了政策指导和依据。通过总结，重庆各地在农村土地制度改革方面积极探索出"双交换"模式、村级土地利用规划模式、土地整理模式、土地合作社模式、土地流转市场模式和社会推动产业发展模式等。毫无疑问，民生导向下的重庆农村土地制度改革是对我国现行土地制度的创新和突破，对促进农村土地集约利用、提高农村土地流转绩效进而助推新型城镇化路径选择具有重要的理论和现实意义。

但是目前重庆土地制度还存在如下亟待解决的问题：一是改革的着力点在于优化城乡土地资源的空间配置，行政主导色彩较为强烈，市场发挥的作用比较有限，导致行政分摊成本过高、驱动力机制不完善等问题的出现。二是在"土地换户口"的政策设计上，农民权益遭遇各种潜在的和现实的威胁，主要体现在农民土地的当前价值和未来价值增值难以充分体现、改革方案的补偿标准明显低于原征地"农转非"政策、进城农民穿上的城市"五件衣服"含金量不足等方面。首先，即使按照目前补偿最为充分的征地"农转非"政策对进城农民的土地权益进行补偿，农民土地的当前价值和未来价值增值也均难以充分体现。其次，在转户农民的补偿标准中，按初始方案，转户农民人均补偿较征地补偿平均差额为12万元以上。随后，重庆市政府在269号文中作出调整，宅基地使用权和购房补助不再依据地票价格，而是分别参照征地农转非的土地补偿款和"农民新村房屋价格乘以同时期征地住房安置标准面积的一定比例给予补偿"，即使这样人均仍有9万余元差额。再次，在进城农民穿上的城市"五件衣服"中，教育政策直接解决了进城农民子女入学问题，最具含金量；公租房有利于进城农民，但能否适合收入偏低、就业地点多变的进城农民家庭长期居住仍需要实践检验；进城转户农民的就业并不比未转户农民更有优势；养老保险和医疗保险需要用人单位缴纳保险费，企业按市场法则会选择低成本的劳动力，即选择非转户农民或将所缴纳保险费变相从职工工资中抵扣。

（三）社会保障制度的缺损

重庆的社会保障制度改革主要涉及居民最低生活保障、合作医疗、农民工社会保障、失地农民养老保险、城乡居民社会养老保险等内容。重庆农村居民最低生活保障制度试点工作始于2008年，至2014年11个区建立了农村最低生活保障制度，1.67万户、3.96万人享受到农村最低生活保障；重庆2012年1月起全面建立和实施农村居民最低生活保障制度，享受到低保金的农村居民约有65万人。为了确保农村居民最低生活保障制度实现全面覆盖，重庆决定由市和区县两级财政承担资金，而市级补助金对18个贫困区县给予重点倾斜。2013年，重庆市出台了城乡低保条例，确立城乡低保标准联动调整机制，将城乡低保差距缩小到2:1。关于居民合作医疗，2009年铜梁、江津、渝北、巫溪、黔江、忠县进行了新型合作医疗试点；2012年新型农村合作医疗制度覆盖了所有区县，农民参合率达到77%，与此同年，江北区、九龙坡区、南岸区、永川区和南川区5个试点区首批启动城乡居民合作医疗保险试点；2014年城乡居民合作医疗保险全面推开；2015年，通过提高筹资水平，调整参保居民住院起付线、封顶线和报销比例，提高重大疾病门诊待遇支付水平，提高未成年人待遇支付水平，进一步完善城乡居民合作医疗保险制度。

从2007年7月1日和10月1日起，《重庆市农民工养老保险试行办法》和《重庆市农民工，大病医疗保险市级统筹试行办法》分别开始实施；2008年，《重庆市2007年12月31日以前被征地农转非人员基本养老保险试行办法》和《重庆市2008年1月1日以后新征地农转非人员基本养老保险试行办法》颁发，规定失地农民可参加基本养老保险，但这仅是解决了失地农民中征地农转非人员的养老保险问题。2009年，《重庆市城乡居民社会养老保险试点工作指导意见》出台，决定在全市推行城乡居民社会养老保险制度，在15个区县开展城乡居民社会养老保险试点；2010年10月起将三峡库区和尚未试点的主城区等15个区县纳入试点范围，因此全市城乡居民养老保险试点覆盖率达到75%，远远超过全国23%的要求覆盖率；领取养老金的老人总数达到248万，参保率达到6成以上；2011年4月，随着荣昌等10个区县被纳入城乡养老保险试点，重庆农村养老保险较全国提前4年完成全覆盖，走在全国前列，城乡居民"老有所养"的梦想基本实现。

截止到2017年，全市城镇企业职工基本养老保险参保人数989.18万人，比上年增长3.8%。城乡居民社会养老保险参保人数1109.00万人，下降0.6%。城镇职工基本医疗保险参保人数640.27万人，增长5.9%。城乡居民基本医疗保险参保人数2608.18万人，下降1.7%。工伤保险参保人数504.61万人，增长10.7%。生育保险参保人数411.33万人，增长12.5%；26.55万人次享受生育保险待遇，增长9.5%。失业保险参保人数466.27万人，增长4.3%。2017年末全市共有33.97万人享受城市居民最低生活保障，60.22万人享受农村居民最低生活保障。农村特困人员救助供养人数18.35万人。全年资助55.19万城市困难群众参加医疗保险，资助115.92万农村困难群众参加新型农村合作医疗。城市居民最低生活保障标准为500元/月，农村居民最低生活保障标准为 350 元/月，特困人员救助供养标准为 650 元/月，集中供养孤儿补助标准 1200 元/月，社会散居孤儿补助标准 1000 元/月。

社会保障制度作为户籍制度改革中的一个配套政策，亦进行了相关制度的调整规定。按照户籍制度配套政策的设计，农民的农村户口转为城镇户口后即可取得在就业、教育、医疗方面与市民同等的权利，不以退地与否为前提。在养老保险中，农民转户后即可参加城镇职工，社会养老保险（有用人单位者）和城乡居民社会养老保险，但"补建一定年限的养老保险"则必须以退出农村土地为前提，并且"退地补偿费优先用工缴纳一次性基本养老保险费"，由"国有土地储备机构通过地税部门代缴这对转户家庭中的中老年成员有重要影响，因为必须缴纳累计 15 年保费到退休年龄后才能按月领取养老金。总体上，重庆以着力保障和改善民生为导向，不断完善社会保障体系，在形成老有所养、病有所医、失有所助、贫有所济的社会保障新局面，呈现出社会保障能力明显提高、民生事业稳健发展的新气象。

但是，与日益增长的社会公众需求相比，重庆市社会保障制度供给仍显不足，而关于其制度的改革亦有进一步讨论的空间。首先，社会保障作为政府原来对农民的欠债，本应由政府公共支出弥补和清偿，现实却是要农民清偿，即政府实际上没有清偿；农民别无选择，只能以将要获得的土地补偿来购买社会保障，实际上是以高价出售公共产品的形式对农民利益进行间接性和隐蔽性侵害。其次，城乡社会保障标准的确定不够科学，未能有效满足城乡居民需求；城乡之间与城乡内部之间的保障水平差异较大；财政转移支付机制以及中央、市、区县三级财政分担资金的结构有待改善。再次，社会保障管理体系不健全，隐性收入和隐性就业取证难、救助对象难以甄别、城乡低保退出机制难以实施，导致保障对象的动态管理存在较大困难；资金的管理难以真正到位；基金的保障和服务能力亟待加强。最后，社会保障制度监督的程序形式化、督查敷衍化、问责缺失化、信息滞后化也是重庆市社会保障制度体系中应该注意的方面。

（四）金融制度的约束

重庆的金融制度改革主要涉及两个方面：完善农村金融体系、创新金融产品和服务。国务院下发《深化农村信用社改革试点方案》，重庆成为全国首批 8 个改革试点省市之一。针对农村信用社发展的实际情况，重庆市通过扩充资本金、消化不良资产、完善法人治理结构，不仅使农村信用社迅速摆脱了危机，还增强了服务农"的能力。2014 年 3 月起，遵循"自主经营、自我约束、肉担风险、自我发展"的原则，重庆农村信用社由县、乡两级的法人体制转变为统一法人的县级联社，法人治理机构由市、县、乡三级转变为市、县两级，其性质也由合作制转变为股份合作制。为适应统筹城乡试验区对农村金融的新需求以及彻底理顺经营管理体制的新要求，2008年6月，重庆农村信用社正式改制为重庆农村商业银行，实现了从"两级法人"股份合作制到"一级法人"股份制的根本转变。

从经济学角度看，金融作为贯彻和传导国家货币政策的重要工具，是经济发展必不可少的引擎。农村金融作为农村经济的"血液循环系统"，肩负着为"三农"服务的政策性任务，是农业和农村经济发展不可或缺的支撑力量。虽然经过农村金融机构改革，重庆市已然形成了政策性银行、地方商业银行和商业保险公司分工、合作、功能互补的农村金融体系，但是目前重庆农村金融发展还存在如下困境：一是信贷资源过度集中于"一圈"，资源配置不平衡。目前，"两翼"地区主要涉农银行分支机构数量仅为全市的1/3左右，全市贷款余额的90%左右集中在"一圈"，"两翼"地区占比仅为10%左右。二是农村银行网点萎缩，农村金融供给结构失衡。仅2014年重庆市农发行、农业银行、农商行、邮政储蓄银行四家涉农银行业机构共撤并机构网点308家，导致农村地区金融服务严重缺位，基层农村存在金融服务空白区。三是农村信用缺失，担保机制不健全。2015年农户小额信用贷款不良率高达22.8%，高于全市平均水平18.1%。四是农村金融资源外流现象严重。金融资本的逐利性诱致和迫使农村市场的存款和其他大量资金被转移到城市，这使得农村地区资金本身"失血"的病症雪上加霜。

二、重庆新型城镇化路径的制度供给不足的原因

总体上，重庆新型城镇化路径的制度变迁的积极效应显著，从根本上推进了新型城镇化路径的建设；但由于制度创新供给滞后化、效应释放有限，从而成为新型城镇化健康、有序发展的掣肘。

（一）制度创新供给滞后化

在重庆新型城镇化路径选择中，由于受制于决策者对政治稳定和政治风险的过多考虑、对市场经济机制的相对忽略，同时由于重庆经济社会基础较为薄弱、政府财力比较有限等因素制约，重庆新型城镇化制度变迁与创新的整体供给滞后于实际需求，主要体现为制度创新框架尚未成型和具体制度安排不健全。一方面，重庆虽然近年来制度变迁与创新的步伐、节奏均较过去有很大提高，在中国也居于较为领先的地位，但随着时代的进步和社会的发展，社会需求快速增长，既有的制度安排已不能满足利益最大化的要求，导

致制度创新供给的增长速度在整体上滞后于需求的增长速度。当其投影到新型城镇化发展小,尤其是经济社会转型日益步入"深水区"的时期,制度改革中的许多举措仍是"头痛区头""脚痛医脚"的权宜之计,缺乏系统全面的改革方案,甚至有些"雷区"尚未深入。另一方面,作为新型城镇化路径的制度核心,土地制度改革总体上滞后于其他制度改革的步伐,是制度创新中的严重"短板",并和其他制度共同构成了恶性的循环系统。正是山城户籍制度、社会保障制度中的不平等规定,强化土地制度的保障功能,增加了农民市民化的风险,从而农村富余劳动力不能有效地转移到城市,新型城镇化路径的推进速度受阻:在大量农民滞留在农村、人多地少的情况下,农业规模经营难以实现,小农经济形式延续,而且基于农村金融制度的制约,农村发展的融资难度陡增,非农产业市场化进程缓慢,导致就业岗位增加迟缓或者减少、新s城镇化发展渠道不畅的后果。

(二)制度创新效应释放有限

由于传统制度变迁的路径依赖性在发挥着极大的效应,重庆新型城镇化路径选择的制度变迁与创新的、积极的、正面的效应释放有限。作为传统城镇化路径的转型,新型城镇化路径中的制度变迁与创新不可能完全摆脱传统城镇化制度的束缚,源于传统城镇化路径中的思维定式、既定制度等,仍然可以在新型城镇化路径中找到其影子。如政府尚未完从计划经济体制模式中退出,存在着经济领域的"越位"和公共领域、市场失灵领域的"缺位"现象,"强政府、弱社会"的特征仍然明显。传统路径依赖效应的消除是一个渐进的过程,在短期内将继续阻滞重庆新型城镇化路径的制度创新绩效。一方面,既得利益集团千方百计维护和巩固现有制度,增加了制度变迁与创新的难度,降低了新制度产生的速度和发挥效应的力度。另一方面,初始的制度安排强化了领导和决策者的惯性思维、意识、观念等,推动着制度变迁总是向着原有的路径、方向前行。

第二节 重庆城镇化路径的制度创新总体架构

突出加快推进改革创新是"十三五"时期重庆经济社会发展的基本要求之一,即更加注重通过改革的途径和办法解决发展中的矛盾和问题,努力破除制约科学发展的体制机制障碍。鉴于新型城镇化路径的制度创新架构设计是一项复杂的动态系统工程,为推动重庆新型城镇化健康、有序发展,明确重庆新型城镇化路径的制度创新目标、原则,构建一个相对协调和完备的制度创新体系就成为必然。

一、重庆新型城镇化路径的制度创新目标

（一）重庆新型城镇化路径的制度创新目标

作为检验标准和预期标杆，重庆制度创新的目标与新型城镇化的目标具有高度一致性，其总体定位是"服务于新型城镇化、推动新型城镇化发展"。由此，重庆新型城镇化路径的制度创新目标是"构建一个服务于新型城镇化、推动新型城镇化发展的公平的、高效的制度体系"。

（二）重庆新型城镇化路径的制度创新原则

制度创新是一项复杂的系统工程，必须统筹考虑、长远规划、精心设计、谨慎操作，应遵循如下基本原则。

公平与效率兼顾。重庆新型城镇化路径的制度创新过程就是，一个追求公平与效率最佳结合点的过程。作为一种交易行为，新型城镇化发展必然存在着成本与收益、供给和需求的问题。只有制度收益与制度创新收益之和大于相应增加的制度成本时，制度创新才具有微观制度效率。成本最小化和收益最大化应是新型城镇化路径所努力接近的标准在重庆新型城镇化路径的选择中，制度创新既要遵循公平原则，以维护弱势群体的合法利益，又要充分体现效率原则，以发挥生产要素最大的经济、社会和生态效用。

城乡统筹、目标可行。城乡统筹是新型城镇化发展的阶段目标，新型城镇化是统筹城乡发展的主要实现载体。为此，制度创新既要确保城乡统筹发展中大量农村人口流入城市、城市拓展对土地的需求，又要避免土地的无序使用和浪费。由于重庆试验区的新型城镇化发展具有示范性，制度创新目标的确立必须具有可行性，相应地，其具体措施也要具有可操作性。

体系完整、有序推进。制度创新应有利于新型城镇化和城乡统筹发展，通过法律保障，促进制度创新整体推进、相互配套，从而构建完整的制度创新体系。在把握重庆新型城镇化路径的制度创新总体方向和目标的前提下，制度创新应按照先易后难、由紧到松、梯级推进的步骤，采取典型区域试点的方法，待总结成功经验后再逐步推广。

全面系统、把握底线。由于制度在社会公共产品的分配上起到"门槛"的作用，制度创新"牵一发而动全身"，涉及的不仅仅是制度本身的问题，而是城乡利益关系的重新调整。只要社会保障等公共产品的城乡差距依然存在，制度创新措施的有效推进就难免会困难重重，为此必须全面系统地进行制度

创新。制度创新底线的浮动性以及范围确定的困难性，导致制度创新失败或退却的风险也进一步加大，因此制度创新的底线必须科学把握。

二、重庆新型城镇化路径的制度创新架构

依据重庆新型城镇化路径推进的实际，结合制度创新理论成果，重庆新型城镇化路径的制度创新总体架构是：以政府和民众为两大主体，以正式制度和非正式制度为两大支撑，通过强制性和诱致性的变迁方式，构建服务于新型城镇化、推动新型城镇化发展的公平的、高效的制度体系。

（一）政府和民众是制度创新的主体

提供公共产品与服务是政府的基本职能之一，而制度安排作为一种公共产品，政府有责任根据形势的转变进行制度创新，以减少新型城镇化发展过程中的交易成本，提高新型城镇化发展的绩效。民众通常是制度创新发生效应的最直接对象，其对制度是否真正利于他们有着深刻的认知，他们是新型城镇化路径制度创新丰富的经验之泉，因此，民众最有资格决定是否进行制度创新以及以何种方式进行制度创新，理应是制度创新的重要主体然而，由于政府和民众在现实社会中的不对等地位，政府长期拥有强大的政治优势资源，其做出的任何决定必然源于自身利益的最大化实现，而对民众的需求视而不见或应付对待，这也是新型城镇化路径的制度绩效不理想的主要原因。因此，在重庆新型，城镇化路径的制度创新中，必须将政府和民众设置于相对公平的地位，通过公平的博弈，最终选择双方都比较满意的制度创新方案。

（二）正式制度和非正式制度是制度创新的支撑

正式制度既包括区域发展、城镇建设等宏观政策，也涵盖了户籍、土地、社会保障等具体制度；非正式制度是指文化、观念、习俗等，通过经济因素、人口因素等对新型城镇化路径发生影响。如果说正式制度是一只有形的手，非正式制度则是一只无形的手。在制度体系中，正式制度和非正式制度扮演着不同的角色，都以各自的方式发挥作用。在一定程度上，非正式制度的重要性胜于正式制度，其效应体现在正式制度安排的每一个环节中。即便如此，非正式制度通常被政府领导人、决策者、执行者等所忽视和冷落，由此所生发出的制度亦是不健全的，可以认为是只有骨骼而没有灵魂的木乃伊。所幸的是在重庆新型城镇化路径推进的过程中，伴随着市场经济体制的逐步完善，文化趋于多元和融合、观念趋于开放和先进、习俗趋于文明和现代，非正式

制度安排正在发挥着日益重要的作用。在未来的制度创新中,非正式制度安排的重要性日益为政府和民众所认识,其地位也会日益提高。

(三)强制性变迁和诱致性变迁是制度创新的方式

强制性和诱致性是"一种互补关系而非纯粹的替代关系",两者均有相对优劣势。强制性制度创新的优势在于时间短、速度快、具有强制力,但政府领导人和决策者的"有限理性""团体利益冲突"和"社会科学知识局限"是其"短板"所在;诱致性制度创新是一个自发性的缓慢过程,遵循着一致同意原则和经济原则,但其不能有效解决"外部性"和"搭便车"的难题。在传统城镇化发展时期,正是强制性制度创新和诱致性制度创新的分离,导致重庆城镇化发展绩效的低下。重庆诱致性的制度创新虽然得到不断扩展,但仍是居于被支配地位,而且所涉及的也是边缘性的修补工作,并未真正触动到制度创新的核心地带,因此其对成本降低、绩效提升的贡献率不是特别显著。在未来重庆新型城镇化路径的推进中,强制性和诱致性制度创新的融洽结合是制度创新的关键所在。

第三节 重庆城镇化路径的具体制度安排

依托于统筹城乡综合配套改革试验区的载体,以构建一个服务于新型城镇化、推动新型城镇化发展的公平的、高效的制度体系为总体目标,把抓住发展新机遇和体制机制、发展模式创新结合起来,构建保障科学发展的体制机制、户籍制度、土地制度、社会保障制度、农村金融制度等是制度创新的重要领域和关键环节,对重庆新型城镇化路径的影响最直接、作用强度最大。因此,下面以户籍制度、土地制度、社会保障制度、农村金融制度为对象,对重庆新型城镇化路径的具体制度给出建议性安排。

一、户籍制度创新

作为一项基本的社会制度安排,户籍制度创新是重庆统筹城乡综合改革的突破口,更是新型城镇化路径推进中最重要的创新举措之一。"推行户口一元化和迁移自主化"、创造人口自由流动的制度环境是重庆户籍制度创新的未来走向和理想目标。结合重庆户籍制度的现状与趋势,应从妥善处理政府、企业和居民的关系入手,尽快完善相关配套机制,逐步剥离户籍制度的附加功能,以期落实转户居民的基本权益,最终形成科学有序的转户常态机制和合理的人口承接分布。

（一）妥善处理政府、企业和居民的关系

一是政府要在充分估量自身经济政治状况的基础，按照循序渐进的方式推行户籍制度改革，既不可急功冒进，又不可畏首畏尾。二是针对企业在户籍制度改革过程中负担加重的情况，一方面要强化企业的可持续发展意识和社会责任意识，另一方面要根据企业中转户群体的规模，通过减免一定比例税收、优先采购其产品等方式，减轻企业负担、维持企业正常运营。三是最大限度地维护农民利益，强化以利益驱动基础上的自愿作为农民转户进城的先决条件；以城乡居民共同富裕为目标，允许进城农民家庭保留农村土地权益。四是继续以信息公开来加强监督，既要社会媒体坚持跟踪报道，及时向社会公开改革进程，同时政府又要广开言路，加强上下沟通，及时改正改革过程中已经出现或预期可能出现的问题。

（二）完善户籍制度改革的配套机制

一是在不损害农民在农村既得利益的前提下，建立完善进城农户农村土地处置机制，进一步完善农民自愿退出宅基地、承包地和林地的补偿办法，保障进城农民按自愿、有偿原则处置其农村财产。一方面，退出土地的补偿金应合理，并及时兑现；另一方面，退出的承包地、宅基地通过在空间、城乡间的重新配置后会产生更大的收益，而增值的收益部分应该在农民、农村集体、城乡和地区间进行合理分配。二是完善"市场＋保障"的双轨制住房供应体系，强化住房保障的政府责任；按照"主城＋次级区域中心城市＋小城镇"的级城镇结构，大力推进公租房等保障性住房供给体系建设，覆盖城镇住房困难家庭、进城农民工、大中专毕业生和外地来渝工作人员等群体，力争解决占城镇人口30%以上的中低收入群众住房困难问题。目的是促进解决农民转户后的就业问题，通过积极发展服务业，大力开发充分的就业岗位供转户农民选择；通过提供就业培训、就业指导、信息咨询和创业融资等，完善就业服务体系，实现转户农民的充分就业或创业。四是与人口转移进城的规模相适应，加快城镇基础设施和公共服务设施建设，满足新增城镇人口的需求，有效防范和避免"大城市病"；加强农村基础设施建设和提高社会保障水平，给予农民更多的选择机会。

（三）逐步剥离户籍制度的附加功能

在传统城乡二元户籍制度中，就业市场准入、教育资源分配与占用、住房福利及社会保障获得等附加功能均与城镇户口相联系和挂钩。基于公平正义的理念，立足于长远的发展眼光，重庆市政府应以城乡一体化为目标，停

止城镇户口相对于农村户口的优越性宣传,将改革的主要力量集中在逐步剥离内含于城镇户籍制度的各种具有歧视性的福利功能,促使城乡居民享有同等的国民待遇。这就要求建立城乡一体的就业体系,一视同仁地对待农村富余劳动力就业与城市失业人口的再就业,为其提供公平的就业机会;要求对农民工以及由征地、移民后靠、水利工程移民等导致的农转非居民,完善其子女入学、住房租购、医疗救助等政策体系,为其提供平等的教育权利、住房权利和医疗权利;要求城乡居民之间享有同等的政治权利与义务等。

二、土地制度创新

土地问题是"三农"问题的核心,土地制度创新是实现重庆新型城镇化路径目标的基础。重庆土地制度创新的目标是建立公平与效率并重的土地制度,充分保护农民的根本利益,促进城乡要素之间的畅通流动。结合重庆作为全国统筹城乡综合配套改革试验区的战略使命,注重保护农民的土地权益、推动农村土地产权立法进程和创新土地承包经营权流转制度是重庆现阶段土地制度创新的突破点和主要内容。

(一)注重保护农民的土地权益

针对"土地换户口"政策设计中农民权益遭遇威胁的问题,重庆市要始终坚持民生导向,坚决维护农民的土地权益。一是要在坚持尊重农民意愿、保护农民权益的前提下,根据进城农民土地的区位特点、原本收益、未来用途、可能增值收益等综合因素,结合进城农民未来生存发展的实际社会成本,确定公平合理的、适时增长的土地补偿安置标准。二是要在将农民土地产权价值化的基础上,在农民自愿退出土地使用权的同时,保留其一矩的土地收益权,使之能够参与土地集中流转、置换、指标交易后增值的收益分配。三是要多渠道、多层次、多方式地建立和完善就业、住房、医疗、养老、教育等配套制度,逐步弱化农村土地的社会保障功能,还原其正常的生产要素性质。

(二)推动农村土地产权立法进程

加快立法、明晰农村土地产权界限,实现土地权利的物权化、独立化、流动化,是重庆农村土地制度改革的未来走向。通过进一步完善农村土地的使用立法,以土地利用目的差异为依据,构建多层次的土地权利体系;通过强化法律对土地使用权内容和形式的约束,实现土地权利的物权化;通过进一步界定土地所有者与利用者之间、土地利用者相互之间的关系,实现各种土地权利的独立化;通过进一步分离承包经营权,实现直接经营土地者的土地经营权的流动化。据此,《中华人民共和国土地管理法》《中华人民共和国农村土地承包法》以及《中华人民共和国物权法》应对土地权属及转移、土地权属转移补偿、土地使用权、土地双层经营等内容进行相应的创新。

（三）创新土地承包经营权流转制度

土地流转是重庆新型城镇化路径选择中减少农民生产压力、提高农业劳动生产率的必由之路。应在坚持和完善农村基本经营制度,不改变用地性质的前提下,允许农民依法自愿有偿地流转土地承包经营权。一是健全土地使用权流转机制。通过成立区县、乡镇、村三级土地流转服务机构,规范土地承包经营权的流转程序,渐次完善以市场为导向的土地流转价格形成和风险防范机制。二是积极发展土地流转市场。可考虑以村镇为单位,规范开展农村土地交易所试验,逐步建立城乡一体化的土地交易市场。通过统一有形的土地市场,以公开规范的方式转让土地使用权,率先探索完善配套政策法规。如长寿区、江津区在局部试点以土地经营权入股创办公司,忠县大力发展村级土地流转中介机构等。三是积极试点集体建设用地的流转方式。选取若干具有一定基础、管理相对规范的区县作为试点,以不改变集体土地的所有权性质为底线,建立集体建设用地的使用权交易市场,或者出让、转让、出租,或者作价入股、抵押集体建设用地的使用权等,但应制定集体建设用地的流转办法和细则。四是完善地票交易制度的设计、运作模式和体系,引导市场机制在土地资源配置中的基础性作用。从用地政策的发展趋势和地票交易的长远发展来看,房地产开发企业应成为今后地票交易的重点购买主体,可将土地一级开发权的市场化改革与地票相结合,拓宽房地产开发企业地票落地的空间范围；改革指标配置方式,实行城镇建设用地指标配置双轨制,拓展地票市场空间；加强规划衔接,促进地票尽快落地；严格执行地票落地时限,实现地票交易单位标准化,适时推出地票二级市场。

三、社会保障制度创新

社会保障制度是重庆新型城镇化路径的"减震器"和"安全阀"。从总的发展趋势来看,社会保障制度由城乡"对立"到"一体"是未来的必然走向。在统筹城乡改革和发展的特定环境下,重庆社会保障制度创新应坚持民生为本的原则,以居民基本生活需要作为出发点和评估标准,根据广覆盖、保基本、多层次、可持续的方针,通过拓宽社会保障资金渠道、理顺社会保障管理体系和强化社会保障制度监督,构建起城乡统筹的社会保障制度,以期最终打破城乡分割的坚冰壁垒、实现城乡一体的目标。

（一）拓宽社会保障资金渠道

增加政府财政投入、拓宽资金来源渠道，是重庆统筹城乡社会保障制度和增强居民社会公平感的核心内容。第一，要将社会保障的政府投入纳入财政预算，形成科学合理的财政性社会保障支出增长机制；加大社会保障投入力度，提高社会保障标准和水平，逐步缩小城乡社会保障标准之间的差距。第二，要充分调动社会资源，发展慈善事业，引导和规范各界人士的热心捐赠，积极参与行为，但这均要以良好的舆论氛围和完善的财税优惠政策为保障。第三，加大社会保障资金的财政转移支付力度。对于贫困地区的农村低保资金来源，应以中央财政为主、区县财政为辅。

（二）理顺社会保障管理体系

整合现有管理模式，建立统一管理体制是解决重庆社会保障管理体系的必然要求。第一，完善操作规程，制定规范的社会保障标准确认机制、收入审核机制、程序公开机制、基础信息管理机制等。探索社会保障标准模型，综合考虑城乡居民消费支出的增长率、经济发展水平增长率、财政收入增长率以及物价水平增长率等因素，按照权重比例的不同，确定城乡低保调整系数；根据分类指导的原则，审核社会保障对象的收入水平；公开社会保障的政策、评议和结果；建立民政信息网络管理系统，并逐步将其与"金财系统""金税系统""金保系统"和"金盾系统"等社会管理系统相对接。第二，强化保障能力，整合现有的基层社会管理机构和组织。按照"定编不定性、定岗不定人"的办法，鼓励采取多种办法和各种所有制形式，打破编制和单位性质，对现有的机构和人员进行整合和充实；加大政策培训力度，不断提高基层工作人员的业务素质，使其更好地服务于社会保障制度的实施。

（三）强化社会保障制度监督

强化社会保障制度的目标管理和监督检查制度，主要涵盖了目标考核制度、责任追究制度、群众参与制度等规范性机制体制的建立与健全。第一，通过细化考核标准、量化工作业绩、明确工作责任，实现效果和奖惩相结合；主要内容有社会保障的实际覆盖率、实际补差水平、保障对象的实际准确率、保障对象的满意度、保障对象的动态管理水平、服务管理机构的健全程度、保障制度的完善程度和规范化操作程度等。第二，通过明确目标责任，强化处罚力度，促进社会保障目标任务的完成，保障各项政策制度的真正落实；基本方式有组织谈话告诫、通报批评、扣除奖补资金、党政纪律处分和启动法律追究程序等。第三通过宣传、发动和组织群众，让群众能够真正参与到社会保障对象的评议、审核和确认之中，使社会保障的工作始终体现民意、反映民情，最终赢取民心；具体方式有组织包括群众代表在内的社会保障对象评审团、组织群众代表参与评审听政等。

（四）统筹城乡社会保障制度

城乡社会保障制度由"统筹"走向"一体"是必然趋势。站在全局的、动态的高度上，根据经济发展水平与城乡居民的实际承受能力，基于城乡区域差距仍然很大的现实，重庆统筹城乡社会保障制度应运用以试点、试验为主要特征的"渐进式"推动策略。在城乡最低生活保障制度方面，把符合条件的困难群众纳入保障范围，做到应保尽保；在努力使最低生活保障标准与经济发展水平相适应的同时，稳步提高低保标准和补助水平；完善基本生活必需品价格上涨与困难群众生活补贴联动机制；调整城乡最低生活保障标准的联动机制，缩小城乡最低生活保障差距。在城乡医疗保障制度方面，积极推动县级医疗机构提档升级，加快乡镇卫生院和社区卫生服务中心的标准化建设；通过健全城乡医疗卫生服务体系，逐步提高城乡居民合作医疗筹资和报销水平，不断满足群众基本医疗卫生需求，缓解因病致贫和返贫问题。在城乡养老保险制度方面，要逐步增加农村养老保险基础养老金，适度提高城乡社会养老保险的筹资水平和补助标准。

四、农村金融制度创新

在国际金融危机持续蔓延与统筹城乡改革和发展的背景下，农村金融要素短缺成为重庆新型城镇化路径的资金"短腿不仅削弱了重庆作为国家中心城市的发展能力与潜能，还制约重庆逐步消除城乡二元结构、实现国家战略使命的根本要求。因此，重庆金融制度创新的主要目的是充分发挥农村金融的聚集能力、辐射能力和优化资源配置能力，为重庆新型城镇化路径服务，并争取使重庆农村金融制度创新居于中西部地区的前列。

（一）构建适应城乡统筹要求的农村金融体系

总体要求是不断健全农村金融体制，放宽农村金融准入政策，推动商业性金融、合作性金融、政策性金融和民间金融相结合。第一，农业发展银行作为政策性金融，其定位应是全力支持重庆农村改革和发展中的重点领域和薄弱环节，开展农业开发、农村基础设施建设等中长期的政策性信贷业务。第二，作为金融服务统筹城乡综合配套改革试验行，农业银行重庆市分行要在服务统筹城乡改革和发展的同时，更好地带动其他银行业金融机构发挥支农作用。第三，重庆农村商业银行作为本土银行，要在全市范围内设立分支机构，全面为"三农"服务。第四，邮政储蓄银行除了要发放小额信用支农贷款外，还要引导资金在重庆农村商业银行和农业银行重庆分行办理大额协议存款。第五，通过综合运用财税杠杆和货币政策工具，定向实行税收减免和费用补贴，建立市、区、镇三级财税共同分担机制，鼓励和引导国内外各类股份制商业银行的分支机构向金融服务不足或空缺的"两翼"地区延伸。第六，结合林权改革和土地流转试点，创办重庆城乡统筹银行，不仅专为试验区办理存款、放款、汇兑、储蓄、信托等业务，还能为土地的流转、开发、利用提供金融服务。第七，推进村镇银行区县全覆盖，稳步发展农村资金互助社，培育贷款公司、担保公司、租赁公司等其他新型农村金融机构，推动重庆农村地区形成"投资多元、种类多样、治理灵活、服务高效的金融服务体系"。

（二）创新农村金融产品与机制

基于新型城镇化路径的金融需求，重庆农村金融机构要针对不同的对象，创新有特色的产品体系。第一，对于农村小集镇和城镇化建设中的基础设施建设项目，要重点开发财政垫贷、动产和种植租赁物权、经营使用权、收费权、收益权融资等新产品，着力开发基础设施贷款、园区贷款、流通市场贷款、旅游基础设施项目贷款、土地整治项目贷款等贷款业务系列产品。第二，对于农村微小企业，要以"高效审批、高效放款、手续简便"为重点，争取开办联户担保、权益质押、应收账款质押、商铺质押等多元化担保贷款品种，以及协议付息、票据贴现等金融服务产品；积极开办微小企业简式快速贷款、个人综合授信、可循环额度贷款品种；大力推出支持微小企业购买工业园区标准厂房的厂房按揭贷款；进一步探索扩大微小企业以动产和不动产抵押的贷款范围，如开办仓单质押、林业资源质押、农民养老保险证质押贷款等新的金融服务品种。第三，对于农民个人，在继续发展农户小额信贷的基础上，积极探索和推广农户联保、固定资产抵押、个人委托贷款等新型金融产品，尤其是要着力创新农村土地流转经营权质押贷款品种以及农村房屋产权登记和动产抵押登记的贷款模式。第四，创新农村金融电子业务系列产品，重点发展农村电话银行、电子银行、自助银行等。第五，要研发能够使农村市场和农民满意的真正帮助农民增收谋利的农村投资理财服务产品，以切实提高农民的财产收入。与此同时，不仅要鼓励金融机构通过成立"三农"事业部，创新"三农"服务机制，还要充分发挥农民专业合作社的功能，增加对农户的信贷供给。

（三）创新农村金融抵押和担保体系

依托国家统筹城乡综合配套改革试验区的战略平台，创新农村金融抵押和担保体系、增强农民融资能力是重庆新型城镇化路径的现实要求。第一，以成立财政主导的农业信用担保公司、农业发展基金为重点，对涉农项目进行财政担保、贴息等，以期构建起一个多元化的农村金融担保体系。可探索以政策银行投资入股开办农村产业发展担保公司、农村小额信用贷款担保公司的方式，为"农"贷款资金的投入提供主要担保服务；与此同时，改进和完善第三者担保、联保贷款的形式，由地方财政出资设立农户贷款担保基金、组建农户贷款再担保公司等。第二，探索新型灵活贷款方式，发展商业信用和信贷保险等抵押品替代机制，推广农村土地承包权、土地附着物、农房以及林权等作为贷款抵押融资；推行动产抵押质押业务，尝试开展应收账款、仓单质押、库存商品质押及订单质押等贷款；开办财政贴息或转移支付担保、保险理赔担保等支农创新产品，以满足集约化龙头企业或农户的贷款需求。

（四）改革现行农业保险制度

大力发展农业保险体系、创新农业保险方式是改革农业保险制度的主要内容。第一，探索开办政策性、商业性、合作性、专业性等多种农业保险公司同步发展的新形式，建立多层次的农村保险市场发展长效机制。要整合财政支农资金，组建政策性农业保险公司，重点开发政策性农保产品，覆盖农业规模化和产业化生产风险；要鼓励发展商业性农村保险机构，通过政策杠杆、法律体系等方式引导商业性的保险公司开展涉农保险业务，给其免交营业税、所得税等政策优惠；建立"邮政保险合作型"农业保险公司，以农村邮政储蓄银行为大股东，专门为农村经济、农业发展、农户生产经营提供保险服务。第二，由财政资金主导设立涉农专项保险基金，对商业性保险公司的涉农保险给予一定比例的保费补贴，以调动商业性保险机构拓展农村、农业保险业务市场的积极性；建立自然灾害补偿基金，专门用于赔付因遭受自然灾害而损失的农业贷款，以降低金融机构支农成本，增强农业风险的防范能力。

（五）改善农村金融生态环境

基本要求是建立起金融机构、政府、企业、农民之间的良性互动机制，实现金融业务发展、新农村建设、城乡统筹改革的合作共赢新格局。第一，构建银行、政府、企业、农民的长期沟通交流机制，坚持定期召开联席会议，形成政府搭建平台、企业和农民提出市场需求、银行量身定做产品的各方配合、共同发展的局面。第二，政府在严格自律、不干预正常金融活动的同时，要尽快制定有利于农村金融发展的各项政策法规；逐步建立农村金融服务质量评价指标体系，对农村金融改革和发展成效进行评估、总结经验。第三，农村金融机构要自觉增强发展意识和社会责任意识，主动防范和化解农村金融风险，提高经营质量，不断增强"输血"功能，促进信贷资金的良性循环；通过培训、宣传、咨询等方式普及农民的金融知识，强化农民的金融意识，积极引导农民参与金融市场。第四，要大力整合现有资源，通过公平、有效的方式，规范信用村、信用户的农户信用评级体系，建立动态的农户征信系统。第五，要深入开展"诚信重庆"建设系列活动，全面整治社会信用秩序，大力倡导信用文化，增强农村信用观念。第六，要加强金融执法，严厉打击逃废贷款债务的行为，维护银行的合法权益。

参考文献

[1] 何文静."一带一路"视阈下中国经济增长实现路径分析[J].赤峰学院学报(汉文哲学社会科学版),2017,3812；66-68.

[2] 陈炎兵.实施乡村振兴战略推动城乡融合发展——兼谈学习党的十九大报告的体会[J].中国经贸导刊,2017,34:52-55.

[3] 黄开腾.新型城镇化推进精准扶贫：内在逻辑及实现途径[J].西部论坛,2018,2801:29-37.

[4] 张雷.运动休闲特色小镇：概念、类型与发展路径[J].体育科学,2018,3801:18-26.

[5] 郭晓鸣等.实施乡村振兴战略的系统认识与道路选择[J].农村经济,2018,01:11-20.

[6] 王格芳.建设共享城市：新时代以人为本新型城镇化的必由之路[J].理论学刊,2018,01:109-115.

[7] 阳盛益,赵藤.新时代背景下中小城市的城市化发展优化路径[J].经营与管理,2018,03:136-138.

[8] 方创琳等.中国城镇化发展的地理学贡献与责任使命[J].地理科学,2018,3803:321-331.

[9] 武小龙.城乡对称互惠共生发展：一种新型城乡关系的解释框架[J].农业经济问题,2018,04:14-22.

[10] 霍军亮,吴春梅.乡村振兴战略背景下农村基层党组织建设的困境与出路[J].华中农业大学学报(社会科学版),2018,03:1-8.

[11] 徐安勇.以协调发展理念推进福州新型城镇化建设[J].湖北工程学院学报,2018,3802:124-128.

[12] 任保平,刘笑.中国特色社会主义新时代主要矛盾变化下的发展路径转型[J].学术研究,2018,03:82-88.

[13] 康永征,王泽莉.乡村振兴战略背景下村镇化的发展探析[J].前沿,2018,01:90-94.

[14] 魏战刚,王明伟.京津冀协同发展与承德市生态城镇化建设[J].承德石油高等专科学校学报,2018,2002:91-94.

[15] 叶继红,汪宇.新时代背景下公共服务供给侧改革路径探析——以苏州市为例[J].行政论坛,2018,2503:56-61.

[16] 张新文,张国磊.社会主要矛盾转化、乡村治理转型与乡村振兴[J].西北农林科技大学学报(社会科学版),2018,1803:63-71.

[17] 任保平,李禹墨.新时代我国高质量发展评判体系的构建及其转型路径[J].陕西师范大学学报(哲学社会科学版),2018,4703:105-113.

[18] 赵先超,申纪泽.新型城镇化背景下的产城融合发展思考[J].科技和产业,2016,1605:13-17.

[19] 罗润东,李超.2017年中国经济学研究热点分析[J].经济学动态,2018,04:103-121.

[20] 高国力.新时代背景下我国实施区域协调发展战略的重大问题研究[J].国家行政学院学报,2018,03:109-115.

[21] 周继业,王成.让法治成为发展核心竞争力重要标志的实现路径[J].法治现代化研究,2018,203:14-22.

[22] 何福平,刘铭蔚.新时代县级政府城市治理能力现代化的路径选择[J].城市管理与科技,2018,2003:46-49.

[23] 北川力也,吴厚鉴.新时代背景下以人为本的新型城镇化[J].四川行政学院学报,2018,03:66-70.

[24] 尹波,宋君.新时代职业教育研究与展望[J].教育与职业,2018,14:32-38.

[25] 许光.习近平新时代劳动力转移思想研究[J].上海经济研究,2018,07:22-29.

[26] 王强.新时代背景下农村社区治理体系建构[J].内蒙古民族大学学报(社会科学版),2018,4403:110-114.

[27] 蒲文彬.新时代背景下中国乡村振兴战略实施的战略思考[J].经济研究导刊,2018,22:31-33.

[28] 全华信.城乡融合发展实现路径探析[J].农家参谋,2018,12:240-241.

[29] 韩小威.吉林省特色城镇化的发展模式及实践路径[J].新长征,2013,07:0-31.

[30] 李孔燕.绿色发展视域下内蒙古自治区节能减排的困境、问题及对策研究[D].内蒙古大学,2017.